新发展格局下的贸易政策研究

郝亮 / 著

立信会计出版社
LIXIN ACCOUNTING PUBLISHING HOUSE

图书在版编目(CIP)数据

新发展格局下的贸易政策研究 / 郝亮著. —上海：
立信会计出版社，2022.6
ISBN 978-7-5429-7129-6

Ⅰ. ①新… Ⅱ. ①郝… Ⅲ. ①贸易政策－研究－中国
Ⅳ. ①F720

中国版本图书馆 CIP 数据核字(2022)第 127941 号

策划编辑　　赵志梅
责任编辑　　赵志梅
美术编辑　　吴博闻

新发展格局下的贸易政策研究

XINFAZHAN GEJU XIADE MAOYI ZHENGCE YANJIU

出版发行	立信会计出版社			
地　　址	上海市中山西路 2230 号		邮政编码	200235
电　　话	(021)64411389		传　　真	(021)64411325
网　　址	www. lixinaph. com		电子邮箱	lixinaph2019@126. com
网上书店	http://lixin. jd. com		http://lxkjcbs. tmall. com	
经　　销	各地新华书店			
印　　刷	江苏凤凰数码印务有限公司			
开　　本	710 毫米×1000 毫米	1/16		
印　　张	9.25			
字　　数	138 千字			
版　　次	2022 年 6 月第 1 版			
印　　次	2022 年 6 月第 1 次			
书　　号	ISBN 978-7-5429-7129-6/F			
定　　价	58.00 元			

如有印订差错，请与本社联系调换

前　　言

2020 年 5 月 14 日，习近平总书记在中共中央政治局常务委员会会议上提出，充分发挥我国超大规模市场优势和内需潜力，构建国内国际双循环相互促进的新发展格局。《中华人民共和国国民经济和社会发展第十四个五年规划和 2035 年远景目标纲要》也提出了一系列具体要求。

在新发展格局下，本书主要研究通过施加不同的约束条件，界定相应的市场经济环境，考察厂商决策顺序、常弹性需求、市场结构与产业关联、贸易转移效应、WTO 反倾销守则反倾销调查"申请制"规定等一系列颇具现实意义的问题，探讨在不同的市场特征下如何制定最优的贸易政策以促进产业发展，实现畅通国内国际双循环的战略功能。

本书注重国际贸易理论同贸易政策实践的充分结合，具体研究如下：

第一部分围绕新发展格局的时代背景和内涵逻辑，明确新发展格局下的贸易政策应当具备的功能。

第二部分从中美贸易摩擦的现实背景出发，考察不同的厂商决策顺序下最优战略性进口关税的确定。

第三部分以市场需求特征和国内外厂商的成本差异为切入点，考察常弹性需求函数下最优战略性贸易政策的确定。

第四部分基于反倾销实践中的产业关联效应，考察不同市场结构下最优反倾销税的确定。

第五部分以《区域全面经济伙伴关系协定》的正式签署为背景，在考察厂商决策顺序的同时引入贸易转移效应，探讨最优贸易政策的选择问题。

第六部分基于 WTO 反倾销守则中反倾销调查"申请制"的相关规定,结合中国对外反倾销实践的汇总数据,研究反倾销调查"申请制"对反倾销措施的影响。

第七部分在得出研究结论的基础上,就新发展格局下的贸易政策提出建议。

本书的研究表明,基于不同的局限条件,是否征收关税、征收怎样水平的关税,的确有很大区别。我们希望本书的理论研究成果能够为贸易政策研究和实践提供一定的理论依据和借鉴意义,也殷切地希望政策实施者能够参考本书的研究结论,根据不同的市场环境,灵活采取贸易政策措施,立足公共利益,更好地促进产业发展,实现畅通国内国际双循环的战略功能。

书中如有不足之处,敬请各位专家和学者批评指正,以便在后续研究中完善。

郝 亮

2022 年 6 月

目　　录

第一章　引　言

第一节　新发展格局的时代背景

2020 年 5 月 14 日,习近平总书记在中共中央政治局常务委员会会议上提出,充分发挥我国超大规模市场优势和内需潜力,构建国内国际双循环相互促进的新发展格局。《中华人民共和国国民经济和社会发展第十四个五年规划和 2035 年远景目标纲要》指出,"十四五"时期推动高质量发展,必须立足新发展阶段、贯彻新发展理念、构建新发展格局……必须强化国内大循环的主导作用,以国际循环提升国内大循环效率和水平,实现国内国际双循环互促共进。新发展格局是在百年未有之大变局叠加新冠肺炎疫情冲击的时代背景下提出的。目前,中国经济发展所面临的外部环境正在发生深刻变化。

一、全球经济脆弱性加剧

新冠肺炎疫情对全球经济形成巨大冲击。2020 年 5 月,世界经济论坛发布的报告显示,新冠肺炎疫情的蔓延将导致全球经济陷入长期衰退。该报告显示,2/3 的被调查者将全球经济长期萎缩视为未来 18 个月的最大风险,半数的管理人士预计会出现破产和行业整合、更多的网络攻击和数据欺诈、行业无法复苏、全球供应链长期中断以及高水平的结构性失业等情况。

在新冠肺炎疫情冲击下,全球经济脆弱性加剧,具体表现如下:第一,病毒变异和疫情防控的不确定性导致冬季疫情反弹的概率极高,很可能导致全球经济继续出现下行风险。第二,各经济体采用的刺激政策导致债务杠杆上升、资产价格泡沫、居民财富差距拉大等一系列经济社会问题,不断加码的短期刺激政策很可能为经济长期平稳运行带来额外风险。第三,各经济体的实体经济陷入困境,企业部门、金融机构的信用风险和市场风险不断积累,发达经济体的金融市场缺乏基本面支撑因而其面临后续震荡的风险,新兴市场经济体面临大规模资本外流、货币贬值的风险,全球金融市场的相互联动,增加了局部金融风险跨市场传染的可能性。

二、全球治理体系亟待深度转型

新冠肺炎疫情冲击凸显了全球治理体系的效能不足。多边主义发展面临"瓶颈",国际组织的作用明显受限,大国权力政治、意识形态政治的话语主导严重阻碍国际社会的沟通协商,当前全球治理体系的各种弊病在疫情冲击下显现得淋漓尽致,符合时代潮流、体现公平正义和共商共建共治精神的国际多边合作新共识亟待形成。

新冠肺炎疫情进一步恶化了中美关系。一方面,新冠肺炎疫情防控彰显了社会主义制度的优势,展现了中华民族的团结合作精神,增强了中国在国际事务中的领导力;另一方面,新冠肺炎疫情冲击削弱了美国的国际形象和战略信誉,降低了美国在国际事务中的领导力。这是中国深度参与全球治理体系转型的契机,但加剧了美国对中国的对抗性思维。

三、全球产业分工格局面临重大调整

新冠肺炎疫情使得建立在传统经济学比较优势理论基础上的产业分工格局面临重大挑战。经典的比较优势理论主要从经济成本和经济效率的角度出发,但其适用的前提是全球国际贸易的正常运行。在新冠肺炎疫情冲击下,不仅口罩等稀缺的医疗物资经常被禁止出口,其他商品的进出口也受到不同程度的限制。在新冠肺炎疫情冲击下,基于产业分工的产业链布局风险极大,各经济体在非常时期可能

面临物资供给不足的高昂社会成本。各经济体的产业链布局不再优先考虑经济效率,而是将产业链、供应链的稳定性和安全性摆在首要位置。基本物资的自给自足,很可能成为各经济体参与未来全球产业分工格局重新调整的底线原则。后疫情时代的全球经济,甚至有可能进入一个去全球化、全球价值链局部脱钩或区域化的全新产业分工格局。

在新冠肺炎疫情冲击下,西方舆论渲染在医疗物资等方面过度依赖中国的安全风险,主张全面同中国经济脱钩,鼓吹全球产业链"去中国化"。疫情加重了发达国家对中国的防备心理。美国提出了吸引美国制造业回流的政策建议,鼓励美资企业从中国撤出;日本启用了紧急经济对策方案,用于帮助日本企业将生产基地迁出中国。新冠肺炎疫情动摇了中国企业在全球产业链上的地位。大批中国制造业企业因停工停产失去海外订单或者被迫违约,部分企业甚至直接破产倒闭;大量中国高新技术企业面临疫情冲击和美国战略遏制的双重压力,外部技术供应链面临随时中断的风险。如何保住和强化产业链,是我国在全球产业分工格局面临重大调整背景下要解决的关键问题。

四、全球投资贸易格局面临深刻变化

新冠肺炎疫情推动了国际经贸规则的调整。在新冠肺炎疫情冲击下,全球贸易显著下降。这在一定程度上放大了以 WTO 为代表的多边贸易体系难以有效协调各经济体之间政策分化矛盾的内在缺陷,发达经济体和新兴经济体均有重新制定国际经贸规则的动机和诉求。

新冠肺炎疫情推动了区域贸易协定的达成。比如,在新冠肺炎疫情冲击下,英国和日本在 3 个月内就双边自贸协定达成一致,成为英国脱欧以来首个主要贸易协定。区域贸易协定具有显著的区域内"高标准"和区域外"强排他"的双重属性,一方面,区域贸易协定在区域内构建了开放自由的大市场;另一方面,区域贸易协定将区域外的经济体排除在外。

发达经济体试图加大中国所面临的投资贸易壁垒。发达经济体无视中国实际情况,企图强行贴给中国"非市场经济国家"的标签。中国在新冠肺炎疫情防控过程中的出色表现,强化了发达经济体对中国特色社

会主义市场经济的敌意,更倾向于否定中国的市场经济主体地位。美欧等经济体强化了外资审查力度,明确指出严格防范来自中国的投资。发达经济体可能达成战略同盟,共同加大中国所面临的投资贸易壁垒。

五、全球科技创新格局面临加速演化

新冠肺炎疫情加速了全球科技创新格局的演化进程。世界贸易组织指出,越来越多的政府采取了促进经济创新和技术进步的政策,新冠肺炎疫情加速了电子商务和数字化创新。基于信息通信技术的创新发展催生了数字技术主导的新技术群落,引发了新的技术革命并不断向各产业扩散。在新冠肺炎疫情冲击下,线上购物需求扩张性增长,数字服务提供企业逆势发展,这些推动了电商平台经济发展,开创了数字贸易新局面。在这个过程中,产业形态、核心要素和竞争模式发生了深刻变化,数字技术逐渐成为关键生产要素。全球科技创新中心未来有可能从硅谷转移到其他地区,推动全球创新格局的加速演化。

新冠肺炎疫情可能加剧美国对中国的科技封锁。数字技术的深度应用催生了海量数据资源,极大程度上增强了要素的流动性和连接性,降低了新兴经济体参与新一轮国际竞争的门槛,为具有数字经济发展潜力的新兴经济体"弯道超车"提供了难得的发展机遇。这将深刻改变国家的比较优势和竞争优势,进而影响全球经济创新格局。从国家层面来看,中国是除美国外,最有可能实现颠覆性技术突破的国家,从而在一定程度上打破美国在全球范围的技术垄断。美国很有可能在高端芯片、航空航天、5G等科技领域加紧对中国的战略遏制,甚至伙同战略伙伴实施对中国的科技孤立和科技封锁,开展对中国的科技冷战和科技脱钩。在最为恶劣的情况下,现有高科技的供应链、产业链、创新链都可能被切断,各种"卡脖子"技术会严重阻碍高新技术产业发展,科技创新标准和技术体系将被迫重新完成独立构筑。

六、全球区域发展格局面临全新重构

新冠肺炎疫情可能延缓"东升西降"进程。新冠肺炎疫情造成短期

全球经济停滞,带来大宗商品市场和金融市场的大幅度震荡,增加了长期全球经济大萧条的风险,对发达经济体和新兴经济体的经济增长都产生了不利影响。相比而言,新兴经济体的经济脆弱性更为明显。新冠肺炎疫情冲击下的内部需求萎缩和外部市场动荡,叠加全球产业链、供应链的变化调整,使新兴经济体在产业结构和市场适应能力等方面的缺陷被放大,债务问题、区域发展不平衡、收入分配不均等问题被加深,现代化进程可能陷入长时期低迷状态,"东升西降"的全球区域发展态势可能会被延缓,甚至发生短时期的逆转。

新冠肺炎疫情强化了中国和全球经济关系的结构性变化。一方面,中国对全球经济的依存度相对下降。在新冠肺炎疫情冲击下,出于外部环境的不确定性和内部产业链安全的考虑,中国在贸易、资本和科技方面降低对全球经济的依存度,加快向拉动内需的发展模式转变的步伐。另一方面,全球对中国经济的依存度相对上升。中国已深度融入全球技术价值链。麦肯锡全球研究院在对 11 个类别的 81 项技术进行分析后发现,中国对其中超九成的技术采用了全球标准,已成为推动全球数字经济和人工智能发展的重要力量。中国在消费领域已同全球经济高度融合。跨国公司在中国消费市场的渗透率远高于在美国市场的渗透率。

第二节　新发展格局的内涵逻辑

一、内循环的内涵逻辑

从生产、分配、流通和消费四个环节来看,内循环(又称"国内大循环")是指各个环节在国内完成,即生产和消费的连接与匹配主要在国内,并在此基础上形成稳定的产业结构和经济结构。

(1)从生产环节来看,内循环通过持续深化改革,优化产业结构,提高自主创新能力,从而进一步提升产品质量,克服经济循环中的结构问题。生产创新转型是畅通生产环节的重要内容,其具体手段包括基础创新、商业创新和集成创新。生产环节中的产业链与供应链的安全性是内循环的核心。该核心的关键在于发展自主创新能力,突破关键核心技术。同时,我国应摆脱对单一市场或供应商的依赖,开启多元供应链和多元价值链。

(2) 从分配环节来看,扩大中等收入群体能够更好地实现供给需求的有效匹配,是畅通社会再生产良性循环的关键。其核心内容是三次分配体系的完善:①健全劳动、资本、土地、知识、技术、管理、数据等生产要素由市场评价贡献、按贡献决定报酬的机制,畅通初次分配环节;②发挥政府作用,完善税收调节政策、财政转移支付政策、社会保障政策、基本公共服务均等化政策等,畅通再分配环节;③发展慈善等社会公益事业,畅通第三次分配环节。

(3) 从流通环节来看,内循环要求清除区域间的产品和要素流动障碍,打破地方保护和行业垄断,降低区域间交易成本,推动区域间的相互开放,实现产业链上下游、产供销有效衔接,建设国内统一大市场。产品流通的关键是物流,应利用信息化降低物流成本,构建现代物流体系,提升流通服务质量,支撑经济高效流转。要素流通的关键是政策,应通过推进体制机制改革促进新供给匹配新需求,加快建设国内统一大市场。

(4) 从消费环节来看,内循环使得国内市场成为最终需求的主要来源,形成需求牵引供给、供给创造需求的更高水平动态平衡。消费是最终需求,是培育完整内需体系的基础,也是构建新发展格局最为关键的"关节"。保障消费环节的畅通,要挖掘国内消费市场的潜力,顺应居民消费升级趋势,发挥消费对经济发展的基础性作用,完善促进消费的体制机制,建立健全消费领域信用体系,加强促进居民消费的配套保障。

二、外循环的内涵逻辑

新发展格局下的外循环(又称"国际大循环"),是以国际分工和国际市场为基础,以国际产业链和价值链为依托,以国际贸易、国际投资和国际金融为主要表现形式,各经济体基于比较优势相互竞争、相互依存的经济循环体系。

新发展格局下的外循环,要求以更高水平的开放参与国际竞争,在统筹开放与安全的基础上,在开放格局和开放模式上进行调整,依托国内经济大循环和技术创新打造国际合作与竞争新优势。高水平的开放主要体现在以下三方面:①降低贸易壁垒,以国内超大市场规模吸引国际商品和要素资源;②拓展制度型开放,打造与国际接轨的市场准入规则和营商环境;③强化核心技术,形成新的国际竞争优势,提高国际定价能力。

三、双循环之间的联动关系

以国内大循环为主体,意味着经济的动力在于国内循环,要激发国内市场的活力,提高资源配置效率,让国内市场服务于我国的经济发展。但是,发展国内大循环绝不意味着要与国际产业链脱钩或者出口转内销,也不意味着中国对外开放战略的转向。事实上,各种国外的经济主体和要素都可以充分参与到国内大循环中,只是落脚点在于国内分工和国内市场的资源配置,目的在于满足国内需求和提升国内的生产力及竞争力。国内大循环需要与国际大循环相对接,在开放中充分利用国内和国际两个市场、两种资源,重塑国际产业链和价值链布局,使国际大循环更好地为国内大循环服务。

在新发展格局下,实现双循环之间的联动,需要着重处理好两组关系:一是内需和外需的关系。扩大内需要求深化改革,打通生产、分配、流通、消费各个环节的堵点,建设统一开放、竞争有序的高标准市场体系;稳定外需要求推动更高水平的对外开放,加快从要素流动型开放向制度型开放的转变。通过内需循环加速外需循环,借助外需循环反哺内需循环。二是"引进来"和"走出去"的关系。国内产业已经深度融入国际分工体系,但仍处于全球价值链的中低端,未来需要拓展"引进来"和"走出去"良性互动的发展思路,加速形成新的国际大循环,深化双向投资的体制机制改革,持续优化双向投资的平台功能,积极争取国际规则制定主导权。

第三节　新发展格局对贸易政策的新要求

《中华人民共和国国民经济和社会发展第十四个五年规划和2035年远景目标纲要》提出,立足国内大循环,协同推进强大国内市场和贸易强国建设,形成全球资源要素强大引力场,促进内需和外需、进口和出口、引进外资和对外投资协调发展,加快培育参与国际合作和竞争新优势。

具体地,在推动进出口协同发展方面的要求是,完善内外贸一体化调控体系,促进内外贸法律法规、监管体制、经营资质、质量标准、检验检疫、认证认可等相衔接,推进同线同标同质。降低进口关税和制度性成本,扩大优质消费品、先进技术、重要设备、能源资源等进口,促进进口来源多元化。完善出口政策,优化出口商品质量和结构,稳步提高出口附加值。优化国际市场布局,引导企业深耕传统出口市场、拓展新兴市场,扩大与周边国家贸易规模,稳定国际市场份额。推动加工贸易转型升级,深化外贸转型升级基地、海关特殊监管区域、贸易促进平台、国际营销服务网络建设,加快发展跨境电商、市场采购贸易等新模式,鼓励建设海外仓,保障外贸产业链、供应链畅通运转。创新发展服务贸易,推进服务贸易创新发展试点开放平台建设,提升贸易数字化水平。实施贸易投资融合工程。办好中国国际进口博览会、中国进出口商品交易会、中国国际服务贸易交易会等展会。

中共中央、国务院《关于推进贸易高质量发展的指导意见》的总体要求是,以习近平新时代中国特色社会主义思想为指导,全面贯彻党的十九大和十九届二中、三中、四中全会精神,坚持新发展理念,坚持推动高质量发展,以供给侧结构性改革为主线,加快推动由商品和要素流动型开放向规则等制度型开放转变,建设更高水平开放型经济新体制,完善涉外经贸法律和规则体系,深化外贸领域改革,坚持市场化原则和商业规则,强化科技创新、制度创新、模式和业态创新,以共建"一带一路"为重点,大力优化贸易结构,推动进口与出口、货物贸易与服务贸易、贸易与双向投资、贸易与产业协调发展,促进国际国内要素有序自由流动、资源高效配置、市场深度融合,促进国际收支基本平衡,实现贸易高质量发展,开创开放合作、包容普惠、共享共赢的国际贸易新局面,为推动我国经济社会发展和构建人类命运共同体作出更大贡献。到 2022 年,贸易结构更加优化,贸易效益显著提升,贸易实力进一步增强,建立贸易高质量发展的指标、政策、统计、绩效评价体系。

《关于推进贸易高质量发展的指导意见》进一步提出夯实贸易发展的产业基础,具体如下:发挥市场机制作用,促进贸易与产业互动,推进产业国际化进程;加快发展和培育壮大新兴产业,推动重点领域率先突破;优化升级传统产业,提高竞争力;加快发展现代服务业,特别是生产性服务业,推进先进制造业与现代服务业深度融合;加快建设现代农业;培育具有全球影响力和竞争力的先进制造业集群。

由此可见,新发展格局下,贸易政策不能简单着眼于如何解决贸易摩擦、保障贸易利益,而是要充分发挥促进产业发展的作用,实现畅通国内国际双循环的战略功能。

第四节　贸易政策相关文献脉络梳理

一、以贸易政策促进产业发展的相关文献梳理

以贸易政策促进产业发展,其思想起源可以追溯到李斯特的幼稚产业保护理论。20 世纪 80 年代以来,基于利润转移视角的战略性贸易政策理论,论证了在不完全竞争的市场结构和存在规模经济的产业

结构下,一国政府可以通过保护性的贸易政策创造出新的比较优势并增进本国福利(Brander, Spencer, 1984; Helpman, Krugman, 1989)。自20世纪90年代起,贸易政策政治经济学理论将公共选择分析范式引入新古典贸易理论,尝试解释政府实施贸易政策的动机(Baldwin, 1992; Grossman, Helpman, 1994),近期研究尤为关注相关产业的利益集团游说(Bombardini, 2008; Thies, 2015; Acharya, 2018)。从作用机理来看,产业政策是通过利益集团的游说来影响贸易政策的(Grossman, Helpman, 1994; Facchini et al., 2006; Imai et al., 2013)。大量的游说集团通过政治献金等手段来影响执政党或潜在执政党的贸易政策选择(Goldberg, Maggi, 1999; Gawande, Bandyopadhyay, 2000; Mitra et al., 2002)。就利益集团对贸易政策的影响,尽管其讨价还价会导致各自的利益恶化(Celik et al., 2013),但选票激励会阻碍政客支持贸易自由化(Conconi et al., 2014)。而当利益集团以跨国公司的形式出现时,会导致各国贸易规制政策标准的竞次(race to the bottom)(Olney, 2013)。

就贸易政策对产业发展的影响来说,近期研究主要以反倾销措施为贸易政策的代表,这是因为反倾销措施作为各国使用最为频繁的贸易政策工具(向洪金和赖明勇,2010),正逐步取代传统关税(Gormsen, 2011; Ketterer, 2016)。并且反倾销措施由于其操作的便利性、保护的针对性、效果的快速性,成为多数国家限制进口、保护本国国内产业的主要贸易政策(杨仕辉等,2012)。相应地,大量文献或基于理论建模或基于实证分析,从宏观或产业层面考察了反倾销政策对两国产业发展以及产业政策的影响(向洪金和赖明勇,2010)。但正如向洪金、詹政和赖明勇(2011)所言,绝大多数已有文献都是利用计量方法的实证研究,相应的理论分析则相对较少。

文献按照其脉络进行梳理,大致又可分为三支文献,分别从反倾销措施对受保护产业发展的影响、贸易政策通过技术扩散对产业发展的影响、贸易政策通过产业关联对上下游产业发展的影响等角度展开。

第一支文献重点分析了反倾销措施对受保护产业发展的影响。

反倾销措施对受保护产业发展到底起到安全阀还是阻碍物的作用,目前仍不明确(Niels,Kate,2006)。Hartigan 等(1989)和 Prusa(1994)考察了美国反倾销措施对美国进口竞争产业的影响,发现反倾销措施具有有效的产业救济作用。Prusa(1996)根据美国 1978—1993 年的反倾销涉案产品数据进行了实证研究,发现存在贸易转移效应,这进而大大削弱了反倾销措施对国内进口竞争产业的保护作用。Bierwagen 和 Hailbronner(1998)则认为,当考虑进口竞争产业的上下游关联时,反倾销措施对该产业也具有产业危害效应。此后,Konings 和 Vandenbussche(2005)发现,只有当贸易转移效应较弱时,反倾销措施才能明显改善国际贸易对国内进口竞争企业的损害,并对其盈利具有明显的正面影响。但也有学者认为,反倾销措施对国内产业发展的影响应该区分短期效应和长期效应(宾建成,2003),同时要注意对消费者的影响(丛海彬和邹德玲,2007;公强和伍楠林,2008)。并且由于反倾销措施带来的冲击更多是企业层面的,研究应从微观企业层面出发(Konings,Vandenbussche,2008)。

第二支文献考察了贸易政策通过技术扩散对产业发展的影响。在贸易保护政策下,国内厂商利用低增长的技术来替代先进技术,从而抑制了学习效应和经济增长(Sauré,2007;Steinwender,2015)。而配额等非关税壁垒会影响国内和国外的技术扩散速度,但在开放经济条件下,关税会导致世界范围内新的技术被更快采用(Ederington,McCalman,2013)。

第三支文献考察了贸易政策通过产业关联对上下游产业发展的影响。近年来,垂直专业化贸易、整合进口中间品贸易得到了飞速发展(Feenstra,1998;Hummels et al.,2001;Bridgman,2012)。现有研究表明,美国、智利、中国等国家的进口贸易中中间品贸易占据很大的比重(Bernard et al.,2010;Blum et al.,2010;Ahn et al.,2011)。因此,除了通过影响技术扩散这一途径以外,新近文献就贸易政策对产业政策的影响,开始尝试从中间品贸易对上下游产业的影响这一角度展开,并重点考察对下游产业的影响。尽管中间品贸易自由化对国内中间品部门的影响已有较多研究,但对最终产品部门的影响却较少被关注(Goldberg et al.，2010)。现有研究更多从实证研究的角度,检验了中间品关税减让是否会通过增加中间品投入进口进而提升下游企业的生产率（Amiti，Konings，2007；Kasahara，Rodrigue，2008；Luong，2011；Halpern et al.，2015),但得到的结论仍是不确定的(Goldberg et al.，2010；Chevassus-Lozza et al.，2013)。

二、贸易政策与产业政策协调的相关文献梳理

随着经济全球化的推进,党的十八大报告提出要强化贸易政策与产业政策的协调,国内学者从政策协调角度考察贸易政策同产业政策的关联与互补以及冲突与差异(刘替,2010)。由于贸易发展与产业发展目标不一致,我国的贸易政策与产业政策出现缺乏互动的割裂状态(王海燕等,2014),部分产业甚至经历了由进口反倾销到出口被"双反"的过程(沈瑶和颜珲,2012)。要解决好两者之间的协调问题,一方面,要学习美国和日本等发达国家的成功经验(田玉红,2008；宋学义,2013)；另一方面,要改善机制体制(李钢,2013),增强市场经济的作用发挥(佟家栋和刘程,2017)。

贺小勇(2014)认为,为使中国产业政策与 WTO 规则协调,建议设立国家产业政策与 WTO 规则协调的评估机制,以便善于利用 WTO 规则为产业政策谋取灵活空间；妥善利用 WTO 争端解决机制维护我国产业政策根本利益。田玉红(2008)在 WTO 框架下将贸易政策与产业政策两个政策领域有机地结合起来,分析探讨了中国进行贸易政策与产业政策协调的理论基础、在协调过程中存在的体制性问题和结构性问题,在部分重要产业领域中的协调障碍和问题以及贸易救济政策与产业安全保障政策之间的协调问题等。李钢(2013)在对我国贸易政策和产业政策协调存在的问题进行分析的前提下,从扩大开放与深化改革、改善体制机制、强化产业政策与贸易政策的沟通协同等角度,就如何实现协调进行了讨论。这些研究为我们更好地认识和重视产业政策与贸易政策的协调,提供了很好的启发和警示。

近年来,贸易政策不确定性成为贸易政策研究领域的前沿方向(Handley,2014;Handley,Limao,2015)。中美贸易摩擦加剧后,贸易政策不确定性的研究有了更为明确的现实问题导向和应用场景,国内学者的相关成果也很丰富(龚联梅和钱学锋,2018;余淼杰和祝辉煌,2019;余智,2019)。其中,考察贸易政策不确定性在企业层面和产业层面影响的相关研究主要围绕企业储蓄率(毛其淋和许家云,2018)、出口产品质量(周定根等,2019;汪亚楠等,2020)、中间品进口(毛其淋,2020)等角度展开。

三、贸易政策演进特征的相关文献梳理

就我国贸易政策的演进特征,国内学者基于改革开放 40 周年和中华人民共和国成立 70 周年两个关键时间节点进行梳理(赵伟,2019;盛斌和魏方,2019;尹智超和彭红枫,2020;李强,2020)。赵伟(2019)认为,40 年来以保护为总基调的贸易政策,成就了中国制造业大国的地位,但也存在透支国际市场、贸易体制滞后和过度依赖全球价值链等约束条件。盛斌和魏方(2019)认为,70 年来贸易政策战略从进口替代到贸易平衡,贸易政策体系从边界措施到规制融合,未来的贸易政策应推动从贸易大国向贸易强国的转变,加强与产业政策的协调以及提升全球经济治理的话语权。

就各国贸易政策实践来看,贸易政策的目标通常包括但不仅限于贸易利益。美国政府挑起中美贸易摩擦,并非简单的货物贸易逆差导致的贸易问题,这已经成为学界的共识。中美贸易摩擦升级的表象背后,其实是守成大国同崛起大国之间的战略博弈。中美贸易摩擦背后的深层次原因,包括美国国内收入的高度不平衡(李梅,2018)、中美两国在科技转移和市场准入方面的分歧(马弘,2018)、认知差异和利益失衡(戴翔等,2018)、对中国经济发展的战略遏制(赵硕刚,2018;蓝庆新和赵乐祥,2018)等。

2017 年以来,美国特朗普政府一系列逆全球化的措施,公然违背 WTO 多边机制,表露出明显的单边主义倾向,将贸易保护主义推

向了新的高峰。特朗普自竞选以来宣称要实施的 7 项重要的颇具保护主义色彩的贸易政策,已经基本上一一实现(宋泓,2017),其背后反映出美国实行的是基于狭隘国家利益的"公平贸易"(张宇燕和牛贺,2017)。国内学者基于中国经贸关系的可能影响(陈继勇和陈大波,2017)、中美贸易冲突的风险应对(毕吉耀等,2017)、中国应对贸易争端的典型案例(宫毓雯和华晓红,2017)、中国的关税结构优化升级(魏淑遐和陈宜荣,2017)等角度的论述基本上达成了共识:美国特朗普政府的贸易政策是一种"以邻为壑"的行为,在有利于美国的同时,将对中国产生严重的负面影响,中国必须作出应对以避免国家利益受损。

伴随着中美贸易摩擦的加剧,中国面临自特朗普挑起的贸易战的严峻形势,国内学者也开始分析特朗普挑起贸易战的内在深层次逻辑并尝试寻求得当的应对方式。马弘(2018)认为,中美贸易冲突是全球化大国利益分配矛盾激化的表现,表面上源于中美之间的货物贸易逆差,实质上反映了中美在科技转移和市场准入方面的分歧,因此这种贸易冲突会长期存在,中国要坚持扩大开放,预防跨国公司重组供应链。李梅(2018)认为,中美贸易摩擦应放在全球化发展的大框架下讨论,美国逆全球化的行为很大程度上源自美国国内收入的高度不平衡。中美贸易逆差主要由当前中美的产业结构和要素禀赋决定,并非任何人为的政策所能改变。赵硕刚(2018)认为,美国发起贸易争端的真正意图并非仅是减少中美贸易逆差,更多地体现了遏制中国经济发展的战略意图。他建议通过借助 WTO 规则、联合各方力量、储备反制手段等方式予以应对。蓝庆新和赵乐祥(2018)认为,美国挑起贸易冲突的原因,一是美国主流民意对政府的影响,二是美国政府对中国崛起的担忧与遏制。一旦中美之间爆发全面大规模的贸易战,中国的损失会较大,因此在适当的反制措施外,应尽最大努力避免中美贸易战的全面爆发。戴翔等(2018)认为,从经济利益角度,特朗普发起贸易战的主要原因可以归纳为认知上的差异、利益上的失衡以及中国成长中的阵痛,其本质是对全球生产网络的严重破坏和对当前国际经贸规则体系的粗暴践踏。中国既要进行有限反击以维护自身利益，又要作出策略性让步以尽量降低损失，更要保持战略定力以避免落入"特朗普陷阱"，同时还要通过扩大开放以寻求更多的利益汇合点。尽管研究视角不尽相同，但上述研究普遍认为，中美贸易冲突将会持续存在，中国有必要作出长期的战略规划并采取适当的贸易反制措施。

就中国对美国的贸易反制措施，已有学者着手研究。李鑫茹等（2018）基于非竞争型投入占用产出模型就中国对美国的贸易反制措施进行效果评价，通过对整体减少对美进口的全面反制措施以及减少美国波音飞机订单、减少美国大豆进口、限制赴美旅游人数三种非对称性反制措施的分析测算，得出的结论是中国对美国贸易反制应着力于重点产品和重点领域，而不适合开展全面反击。郭美新等（2018）基于多部门—多国家—产业联系的一般均衡模型，分析一旦美国对中国征收 45% 的关税，中国是否采取反制措施的两种不同情况，校准结果显示，如美国发起全面的贸易战，将对全球贸易造成灾难性的影响，同时美国也将在贸易战中受损巨大。现有研究表明，美国在面临贸易反制的情况下同样会因其贸易保护举措而受损，从而适当的贸易反制措施能够在一定程度上对美国政府形成有效威慑。

通过文献脉络梳理，可以发现，国际贸易理论和贸易政策实践都表明，一国所采取的贸易政策应基于不同的经济发展阶段而有所侧重。在新发展格局下，贸易政策要充分发挥促进产业发展的作用，实现畅通国内国际双循环的战略功能。但就现有研究来看，对贸易政策促进产业发展的理论机制，尚缺乏足够的学理体系和理论框架。本书通过施加不同的约束条件，界定相应的市场经济环境，考察厂商决策顺序、常弹性需求、市场结构与产业关联、贸易转移效应、反倾销调查"申请制"规定等一系列颇具现实意义的问题，探讨在不同的市场特征下如何制定最优的贸易政策以促进产业发展，实现畅通国内国际双循环的战略功能。

第五节　研究框架和结构安排

著名经济学家曼昆教授在他的《经济学原理》一书中曾提出,大约93％的经济学家主张或同意关税通常降低了经济福利。事实上,作为经济学科班出身的学生,通常会在课堂上被教导应该牢记关税通常会降低社会福利这一基本结论,因为其他没有经过系统经济学训练的人士往往会认为征收关税是有利的。但是,需要特别注意的是,这一结论需要在完全竞争市场结构的假设条件下方能成立。那么,对于不完全竞争市场,结论又会如何呢？这正是战略性贸易政策所讨论的问题。

Brander 和 Spencer(1984)的开创性研究表明,如果国内价格的上升低于税收,则基于社会福利最大化的最优关税将严格为正,从而完全颠覆了完全竞争市场结构中关税通常会降低社会福利的基本结论。倾销作为一种跨国价格歧视,其实施者需要具备相当的市场垄断力量,用完全竞争的市场结构刻画征收反倾销税的市场特征显然是欠妥当的,因此反倾销税的相关理论研究多遵循 Brander 和 Spencer(1984)的分析框架,采用寡头垄断的市场竞争格局。但是,同样需要注意的是,战略性贸易政策所得出的最优关税为正也有其成立的前提条件,它通常需要额外施加贸易条件收益与战略替代的假设。

要想解决在新发展格局下的最优贸易政策选择问题,既不能盲目套用完全竞争市场结构下的基本结论,也不能简单照搬战略性贸易政策的研究结果。正如著名经济学家田国强教授所言,"不充分考虑中国实际情况与经济制度环境不同所产生的不同约束条件和边界条件,将一个经济理论或模型泛用到中国现实当中去,如此简单套用而得出的结论和建议,一旦被采纳,往往会出大问题"①。这就需要我们务必注

---

① 田国强. 现代经济学的本质(下)[J]. 学术月刊,2016,48(8):5-15.

意不同结论所适用的边界及局限性,并根据所要考察具体问题的市场环境特征,分析判断究竟有怎样的结论成立。

微观经济学的核心是解决资源配置问题,其基本方法是约束条件下求最优。田国强教授在其《高级微观经济学》一书的前言中指出,一个规范经济理论的分析框架,首要的组成部分就是界定经济环境。本书采用 Brander 和 Spencer(1984)的基本框架,同时对其经典假设进行放宽,界定相应的经济环境,探讨不同市场特征下的最优贸易政策选择问题。田国强教授在 2016 年荣获第一财经中国最佳商业领袖奖"年度思想家"奖项时曾说过,中国的经济学研究需要有思想的学术和有学术的思想。本书希望通过相应的理论研究提炼对应的政策建议,能够为新发展格局下中国的贸易政策制定提供学理上的借鉴作用,这也是本书的研究意义所在。

就文献脉络来看,基于战略性贸易政策的相关研究基本上都是围绕 Brander 和 Spencer(1984)的基础框架展开的。通常的做法是在某一方面对该基础框架进行拓展。如 Saggi(2006)考察特惠贸易协定和多边贸易自由化的选择问题;Saggi 和 Yildiz(2011)比较两个贸易自由化博弈的稳定性;Matschke 和 Schöttner(2013)研究不完全成本信息下反倾销税的决定问题;Wu、Chang 和 Chen(2014)分析价格承诺对反倾销税的影响。就研究脉络来看,本书同样是在 Brander 和 Spencer(1984)基本框架下的一系列拓展。但与上述文献所关注的侧重点不同,本书进行的是对战略性贸易政策研究框架中最基层部分的假设放宽,从而使理论模型的基本假设更符合新发展格局下所面临的具体现实情境。

具体地,本书第二章研究厂商决策顺序与最优战略性进口关税,即引入厂商决策顺序,考察市场环境特征由基本框架下的古诺模型变为斯塔克尔伯格模型后,最优贸易政策将如何改变;第三章研究常弹性需求与最优战略性贸易政策,即放宽基本框架下"战略替代"的假定,考察常弹性需求函数下,最优贸易政策的选择问题;第四章研究市场结构、产业关联与最优反倾销税,即引入上下游产业关联效应,探讨不同市场结构下,最优贸易政策应当如何确定;第五章研究厂商决策顺序、贸易转移效应与最优反倾销税,即引入贸易转移效应,将基本框架下的两厂商模型变为三厂商模型,考察此时最优贸易政策的选择问题;第六章研究反倾销调查"申请制"对反倾销措施的影响,即考察反倾销调查"申请制"的规定会如何影响贸易政策效果的发挥;第七章总括研究结论并提出新发展格局下贸易政策制定的相关建议。

第二章　厂商决策顺序与最优战略性进口关税

第一节　问题提出

2018年7月6日,美国违反世贸规则,对340亿美元中国产品加征25%的进口关税。作为对美国贸易霸凌主义的反击,中国也于同日对同等规模的美国产品加征25%的进口关税。这标志着中美贸易冲突全面升级。尽管中美双方都实施了同等幅度的加征关税,但与美国特朗普政府"美国优先"的逆全球化贸易保护主义不同,中国的征税行为属于典型的反制性关税,即中国希望通过征收的方式反击美国的贸易保护倾向,从而进一步推动自由贸易的实现。注意到中国对美国较大的贸易顺差,我们不禁要问:倘若美国持续对中国产品加征进口关税,中国是否能够一直以同等规模的征税额度给予反击?或者说,征收同等额度的反制性关税,是遏制贸易保护主义的最优政策吗?问题的答案可能没有那么简单。事实上,同等额度的反制性关税作为一次性的贸易对抗措施,能够简单直接地向对方进行信号传递。但如果考虑到贸易冲突长期存在的可能性,则需要结合具体的贸易状况,对反制性关税的征收进行更为深入的研究。本章将最优贸易政策简化为一个基础情形来予以考察:若考虑对国外厂商征收关税,如何根据不同的市场特征,制定相应的最优税率水平?

钟根元(2009)以反倾销税为例,对税率优化问题进行过考察,但其并未深入分析各种情境下税率的决定及其影响因素有何不同,且其研究尚有所疏漏。比如,他曾分别考察古诺模型下和斯塔克尔伯格模型下最优反倾销税税率的决定问题。但是,就斯塔克尔伯格模型而言,他仅分析了国内厂商为领导者的情境,却未考察国内厂商为追随者的情境。但事实上,根据 Brander 和 Spencer(1981)的研究结论,这种情境同样具备理论价值和实践意义。从理论角度,厂商决策顺序确是影响关税税率的重要因素;就实践来看,厂商因市场地位的不同确会在寡头竞争模式下扮演领导者或追随者的角色。就国内厂商和国外厂商的产量竞争而言,存在三种情境:国内厂商和国外厂商进行古诺竞争、国内厂商为斯塔克尔伯格竞争的领导者、国内厂商为斯塔克尔伯格竞争的追随者。本章将翔实考察这三种情境,并对所求得的最优关税税率进行比较分析,揭示最优关税及其影响因素的不同,阐释这些不同背后的经济学含义,为贸易政策实践提供必要的理论依据。本章研究与钟根元(2009)的主要不同之处,并不在于较其多考察了一种情境,也不在于其所考察的是反倾销税而本章研究的是一般关税,而是钟根元(2009)的研究重点在于优化反倾销税税率,因此求得各种情境下的反倾销税税率即是其研究的终点;本章研究则侧重于如何根据不同的市场特征(本章聚焦于厂商决策顺序)选取适当的关税税率,故求得各种情境下的关税税率仅是本章研究的起点,比较分析其不同之处,阐释这些不同背后的经济学逻辑,形成具有一定理论价值并可应用于贸易政策实践的结论,方是本章研究真正的核心内容和贡献所在。

本章余下内容的结构安排如下:第二节为基本模型分析,即构建征收关税的基本模型,分别研究三种情境下的最优关税税率;第三节为结果讨论,即比较分析三种情境下最优关税税率及其影响因素的不同,并阐释其经济学含义;第四节为拓展模型分析,即采用价格竞争模型,验证第二节和第三节产量竞争模型结论的稳健性;第五节为本章主要结论。

20

第二节　基本模型分析

假设本国市场上存在两个厂商：国内厂商 d 和国外厂商 f，它们销售同质产品，其反需求函数为 $p = a - bq = a - b(q_d + q_f)$，其中 $b > 0$，q_d 和 q_f 分别为厂商 d 和厂商 f 的产量。两厂商均具有不变的边际成本，分别记作 c_d 和 c_f；两厂商的（准）固定成本均为零。

本国政府和两国厂商进行完全信息的动态博弈。第一阶段，以社会福利最大化为目标的本国政府，选择对国外厂商征收从量关税 t；第二阶段，国内厂商和国外厂商在观察到 t 后，进行产量竞争以实现利润最大化。在第二阶段，国内厂商和国外厂商的产量竞争又可分为三种情境：国内厂商和国外厂商的古诺竞争、国内厂商为领导者的斯塔克尔伯格竞争、国外厂商为领导者的斯塔克尔伯格竞争。所有上述信息为共同知识。接下来，将依次考察第二阶段的三种情境。

一、国内厂商和国外厂商的古诺竞争

用逆向归纳法求解此动态博弈。先考察第二阶段国内厂商和国外厂商的古诺竞争，记关税为 t^c。

厂商 d：$\max\limits_{q_d^c} \pi_d^c = \max\limits_{q_d^c} q_d^c(a - bq_d^c - bq_f^c - c_d)$

由一阶条件得：

$$\partial \pi_d^c / \partial q_d^c = a - 2bq_d^c - bq_f^c - c_d = 0 \tag{2-1}$$

$\partial^2 \pi_d^c / \partial (q_d^c)^2 = -2b < 0$，满足二阶条件。

厂商 f：$\max\limits_{q_f^c} \pi_f^c = \max\limits_{q_f^c} q_f^c(a - bq_d^c - bq_f^c - c_f - t^c)$

由一阶条件得：

$$\partial \pi_f^c / \partial q_f^c = a - 2bq_f^c - bq_d^c - c_f - t^c = 0 \tag{2-2}$$

$\partial^2 \pi_f^c / \partial (q_f^c)^2 = -2b < 0$，满足二阶条件。

联立(2-1)式和(2-2)式得：

$$q_d^c = \frac{a - 2c_d + c_f + t^c}{3b}, \quad q_f^c = \frac{a + c_d - 2c_f - 2t^c}{3b}$$

进一步地，国内厂商在古诺均衡下的利润为：

$$\pi_d^c = \frac{(a - 2c_d + c_f + t^c)^2}{9b}$$

此时的消费者剩余为：

$$CS^c = \frac{(2a - c_d - c_f - t^c)^2}{18b}。$$

再考察第一阶段政府选择最优的关税 t^c。政府的目标函数包括国内厂商利润、消费者剩余及税收收益三部分，故其目标函数可写作：

$$\max_{t^c} W^c = \max_{t^c}(\pi_d^c + CS^c + t^c q_f^c)$$

由一阶条件得：

$$\partial W^c / \partial t^c = \frac{a - c_f - 3t^c}{3b} = 0 \Rightarrow t^c = \frac{a - c_f}{3}$$

$\partial^2 W^c / \partial (t^c)^2 = -b < 0$，满足二阶条件。

二、国内厂商为领导者的斯塔克尔伯格竞争

根据逆向归纳法，先考察第二阶段国内厂商和国外厂商的斯塔克尔伯格竞争，记关税为 t^{sd}。

厂商 f：$\max\limits_{q_f^{sd}} \pi_f^{sd} = \max\limits_{q_f^{sd}} q_f^{sd}(a - bq_d^{sd} - bq_f^{sd} - c_f - t^{sd})$

由一阶条件得：

$$\partial \pi_f^{sd} / \partial q_f^{sd} = a - 2bq_f^{sd} - bq_d^{sd} - c_f - t^{sd} = 0 \Rightarrow q_f^{sd}$$

$$= \frac{a - c_f - t^{sd} - bq_d^{sd}}{2b} \tag{2-3}$$

$\partial^2 \pi_f^{sd} / \partial (q_f^{sd})^2 = -2b < 0$，满足二阶条件。

将(2-3)式代入厂商 d 的利润函数中可得：

厂商 d：$\max\limits_{q_d^{sd}} \pi_d^{sd} = \max\limits_{q_d^{sd}} \frac{1}{2} q_d^{sd} (a - bq_d^{sd} - 2c_d + c_f + t^{sd})$

由一阶条件：

$$\partial \pi_d^{sd} / \partial q_d^{sd} = \frac{a - 2bq_d^{sd} - 2c_d + c_f + t^{sd}}{2} = 0$$

$$\Rightarrow q_d^{sd} = \frac{a - 2c_d + c_f + t^{sd}}{2b} \tag{2-4}$$

$\partial^2 \pi_d^{sd} / \partial (q_d^{sd})^2 = -2b < 0$，满足二阶条件。

将(2-4)式代入(2-3)式得：

$$q_f^{sd} = \frac{a + 2c_d - 3c_f - 3t^{sd}}{4b}$$

进一步地，作为领导者的国内厂商，其均衡利润为：

$$\pi_d^{sd} = \frac{(a - 2c_d + c_f + t^{sd})^2}{8b}$$

消费者剩余为：

$$CS^{sd} = \frac{(3a - 2c_d - c_f - t^{sd})^2}{32b}。$$

再考察第一阶段政府选择关税 t^{sd}。政府的目标函数可写作：

$$\max\limits_{t^{sd}} W^{sd} = \max\limits_{t^{sd}} (\pi_d^{sd} + CS^{sd} + t^{sd} q_f^{sd})。$$

由一阶条件得：

23

$$\partial W^{sd}/\partial t^{sd} = \frac{5a + 2c_d - 7c_f - 19t^{sd}}{16b} = 0$$

$$\Rightarrow t^{sd} = \frac{5a + 2c_d - 7c_f}{19}$$

$\partial^2 W^{sd}/\partial(t^{sd})^2 = -\dfrac{19}{16b} < 0$，满足二阶条件。

三、国外厂商为领导者的斯塔克尔伯格竞争

先考察第二阶段国内厂商和国外厂商的斯塔克尔伯格竞争，记关税为 t^{sf}。

厂商 d: $\max\limits_{q_d^{sf}} \pi_d^{sf} = \max\limits_{q_d^{sf}} q_d^{sf}(a - bq_d^{sf} - bq_f^{sf} - c_d)$

由一阶条件得：

$$\partial \pi_d^{sf}/\partial q_d^{sf} = a - 2bq_d^{sf} - bq_f^{sf} - c_d = 0$$

$$\Rightarrow q_d^{sf} = \frac{a - c_d - bq_f^{sf}}{2b} \tag{2-5}$$

$\partial^2 \pi_d^{sf}/\partial(q_d^{sf})^2 = -2b < 0$，满足二阶条件。

将(2-5)式代入厂商 f 的利润函数中可得：

厂商 f: $\max\limits_{q_f^{sf}} \pi_f^{sf} = \max\limits_{q_f^{sf}} \dfrac{1}{2}q_f^{sf}(a - bq_f^{sf} + c_d - 2c_f - 2t^{sf})$

由一阶条件得：

$$\partial \pi_f^{sf}/\partial q_f^{sf} = \frac{a - 2bq_f^{sf} + c_d - 2c_f - 2t^{sf}}{2} = 0$$

$$\Rightarrow q_f^{sf} = \frac{a + c_d - 2c_f - 2t^{sf}}{2b} \tag{2-6}$$

$\partial^2 \pi_f^{sf}/\partial(q_f^{sf})^2 = -2b < 0$，满足二阶条件。

将(2-6)式代入(2-5)式得：

$$q_d^{sf} = \frac{a - 3c_d + 2c_f + 2t^{sf}}{4b}$$

进一步地,作为追随者的国内厂商其均衡利润为:

$$\pi_d^{sf} = \frac{(a - 3c_d + 2c_f + 2t^{sf})^2}{16b}$$

消费者剩余为:

$$CS^{sf} = \frac{(3a - c_d - 2c_f - 2t^{sf})^2}{32b}$$

再考察第一阶段政府选择关税 t^{sf},政府的目标函数可写作:

$$\max_{t^{sf}} W^{sf} = \max_{t^{sf}}(\pi_d^{sf} + CS^{sf} + t^{sf}q_f^{sf})。$$

由一阶条件得:

$$\partial W^{sf}/\partial t^{sf} = \frac{3a - c_d - 2c_f - 10t^{sf}}{8b} = 0 \Rightarrow t^{sf} = \frac{3a - c_d - 2c_f}{10}$$

$\partial^2 W^{sf}/\partial(t^{sf})^2 = -\dfrac{5}{4b} < 0$,满足二阶条件。

第三节　结 果 讨 论

一、产业救济效应和贸易破坏效应

直观上来讲,关税的征收可以保护本国产业,抑制国外厂商在本国市场上的倾销行为,即关税对国内厂商和国外厂商分别具有产业救济效应和贸易破坏效应。我们将验证上述直觉,并进一步探讨,不同的寡头垄断模式是否会影响产业救济效应和贸易破坏效应的程度。通过比较静态分析,我们发现:

$$\frac{\partial q_d^c}{\partial t^c}=\frac{1}{3b}>0,\ \frac{\partial q_d^{sd}}{\partial t^{sd}}=\frac{1}{2b}>0,\ \frac{\partial q_d^{sf}}{\partial t^{sf}}=\frac{1}{2b}>0,\text{且}\ \frac{\partial q_d^{sd}}{\partial t^{sd}}=\frac{\partial q_d^{sf}}{\partial t^{sf}}>\frac{\partial q_d^c}{\partial t^c};$$

$$\frac{\partial q_f^c}{\partial t^c}=-\frac{2}{3b}<0,\ \frac{\partial q_f^{sd}}{\partial t^{sd}}=-\frac{3}{4b}<0,\ \frac{\partial q_f^{sf}}{\partial t^{sf}}=-\frac{1}{b}<0;$$

$$\text{且}\ \left|\frac{\partial q_f^{sf}}{\partial t^{sf}}\right|>\left|\frac{\partial q_f^{sd}}{\partial t^{sd}}\right|>\left|\frac{\partial q_f^c}{\partial t^c}\right|\text{。}$$

据此,有如下结论成立:

命题 1:

关税的征收始终表现出正的产业救济效应和负的贸易破坏效应。就产业救济效应而言,斯塔克尔伯格竞争时较大,古诺竞争时较小;就贸易破坏效应而言,国外厂商为领导者的斯塔克尔伯格竞争时最大,国内厂商为领导者的斯塔克尔伯格竞争时次之,古诺竞争时最小。总体来看,无论是产业救济效应还是贸易破坏效应,均在斯塔克尔伯格竞争时体现得更为明显。

二、最优关税的符号

尽管前面已经求得最优关税的表达式,但必须注意到,只有正的关税才是有意义的。若求得的关税为负,意味着应对国外厂商进行补贴,这一情形不但有违关税的初衷,而且在实践中也几乎不会出现。不过,若最优关税确实为负,这意味着基于社会福利最大化,不应对国外厂商征收关税。因此,在进行后续的比较分析之前,我们必须先判定最优关税的符号。

就古诺竞争而言,必须保证在初始状态(即尚未征收关税前)下,两厂商的产量水平严格为正。若不然,某一厂商将退出市场,另一厂商将垄断市场,这不是古诺竞争的情境。因此,有:

$$\bar{q}_d^c=\frac{a-2c_d+c_f}{3b}>0,\ \bar{q}_f^c=\frac{a+c_d-2c_f}{3b}>0$$

$$\Leftrightarrow a-2c_d+c_f>0,\ a+c_d-2c_f>0$$

据此,有：

$$t^c = \frac{a-c_f}{3} = \frac{1}{9}\left[(a-2c_d+c_f)+2(a+c_d-2c_f)\right] > 0$$

上式表明,古诺竞争时,最优关税严格为正。

类似地,就国内厂商为领导者的斯塔克尔伯格竞争,有：

$$\bar{q}_d^{sd} = \frac{a-2c_d+c_f}{2b} > 0, \quad \bar{q}_f^{sd} = \frac{a+2c_d-3c_f}{4b} > 0$$

$$\Leftrightarrow a-2c_d+c_f > 0, \quad a+2c_d-3c_f > 0$$

据此,有：

$$t^{sd} = \frac{5a+2c_d-7c_f}{19}$$

$$= \frac{1}{19}\left[2(a-2c_d+c_f)+3(a+2c_d-3c_f)\right] > 0$$

上式表明,国内厂商为领导者的斯塔克尔伯格竞争下,最优关税严格为正。

就国外厂商为领导者的斯塔克尔伯格竞争而言,有：

$$\bar{q}_d^{sf} = \frac{a-3c_d+2c_f}{4b} > 0, \quad \bar{q}_f^{sf} = \frac{a+c_d-2c_f}{2b} > 0$$

$$\Leftrightarrow a-3c_d+2c_f > 0, \quad a+c_d-2c_f > 0$$

据此,有：

$$t^{sf} = \frac{3a-c_d-2c_f}{10}$$

$$= \frac{1}{10}\left[(a-3c_d+2c_f)+2(a+c_d-2c_f)\right] > 0$$

上式表明,国外厂商为领导者的斯塔克尔伯格竞争下,最优关税严格为正。

综上所述,我们有如下结论成立：

命题 2：

在古诺竞争、国内厂商为领导者的斯塔克尔伯格竞争、国外厂商为领导者的斯塔克尔伯格竞争三种典型的寡头模式下，基于社会福利最大化的最优关税均严格为正。

三、不同情境下最优关税的比较

本节比较不同情境下的最优关税税率水平，并就这种税率的不同尝试给出其经济学解释。下面我们将就求得的三个最优关税税率进行两两比较。

(1) $t^c - t^{sd} = \dfrac{2(2a - 3c_d + c_f)}{57}$

基于 $\bar{q}_d^c, \bar{q}_f^c, \bar{q}_d^{sd}, \bar{q}_f^{sd} > 0$，容易得出：

$$a - 2c_d + c_f > 0, \quad a + c_d - 2c_f > 0$$

则有：

$$t^c - t^{sd} = \frac{2(2a - 3c_d + c_f)}{57}$$

$$= \frac{2}{171}[5(a - 2c_d + c_f) + (a + c_d - 2c_f)] > 0$$

即可以确定 $t^c > t^{sd}$。

(2) $t^c - t^{sf} = \dfrac{a + 3c_d - 4c_f}{30}$

基于 $\bar{q}_d^c, \bar{q}_f^c, \bar{q}_d^{sf}, \bar{q}_f^{sf} > 0$，容易得出：

$$a - 2c_d + c_f > 0, \quad a + c_d - 2c_f > 0$$

但是，这无法判断 $t^c - t^{sf}$ 的符号，可以通过举例说明如下：

令 $a = 1, c_d = 0.3, c_f = 0.4$，满足：

$$a - 2c_d + c_f > 0, \quad a + c_d - 2c_f > 0, \text{且 } t^c - t^{sf} > 0$$

令 $a = 1, c_d = 0.3, c_f = 0.5$，满足：

$$a-2c_d+c_f>0, \ a+c_d-2c_f>0, \text{且 } t^c-t^{sf}<0$$

容易发现 $t^c>t^{sf}$ 的一个充分（但非必要）条件 $c_d \geqslant c_f$，此时：

$$t^c-t^{sf}=\frac{a+3c_d-4c_f}{30}$$

$$=\frac{1}{30}[(a+c_d-2c_f)+2(c_d-c_f)]>0。$$

(3) $t^{sf}-t^{sd}=\dfrac{7a-39c_d+32c_f}{190}$

基于 $\bar{q}_d^c, \bar{q}_f^c, \bar{q}_d^{sf}, \bar{q}_f^{sf}>0$，容易得出：

$$a-2c_d+c_f>0, \ a+c_d-2c_f>0$$

但是，这无法判断 $t^{sf}-t^{sd}$ 的符号，可以通过举例说明如下：

令 $a=1, c_d=0.2, c_f=0.1$，满足 $a-2c_d+c_f>0, a+c_d-2c_f>0$，且 $t^{sf}-t^{sd}>0$；

令 $a=1, c_d=0.3, c_f=0.1$，满足 $a-2c_d+c_f>0, a+c_d-2c_f>0$，且 $t^{sf}-t^{sd}<0$。

容易发现 $t^{sf}>t^{sd}$ 的一个充分（但非必要）条件 $c_d \leqslant c_f$，此时：

$$t^{sf}-t^{sd}=\frac{7a-39c_d+32c_f}{190}$$

$$=\frac{1}{190}[7(a-2c_d+c_f)+25(c_f-c_d)]>0$$

据此，我们有如下结论成立：

命题3：

古诺竞争下的最优关税 t^c 高于国内厂商为领导者的斯塔克尔伯格竞争下的最优关税 t^{sd}；当国内厂商的边际成本 c_d 高于国外厂商的边际成本 c_f 时，古诺竞争下的最优关税 t^c 高于国外厂商为领导者的斯塔克尔伯格竞争下的最优关税 t^{sf}；当国内厂商的边际成本 c_d 低于国外厂商的边际成本 c_f 时，国内厂商为领导者的斯塔克尔伯格竞争下

的最优关税 t^{sd} 低于国外厂商为领导者的斯塔科尔伯格竞争下的最优关税 t^{sf}。

我们进一步剖析命题 3 背后的经济学原理。先考察国内厂商和国外厂商拥有对称成本即 $c_d = c_f$ 的情形,此时有 $t^c > t^{sf} > t^{sd}$。由于两国厂商的成本信息完全一致,故反映它们竞争力强弱的唯一因素为行动顺序。根据经济学的基本原理,就产量竞争而言,斯塔克尔伯格领导者会形成"先发优势",从而可以认为领导者的竞争力较强,追随者的竞争力较弱,而古诺竞争则意味着两者的竞争力相当。可以发现,古诺竞争的最优关税税率水平高于斯塔克尔伯格竞争的。这表明,当两国厂商势均力敌时,最优关税税率水平较高。这是因为,征收关税不仅要考虑受保护产业的利益,还要关心消费者福利。势均力敌的竞争者的存在,使得关税既可以有效缓解国外厂商的竞争压力,又可以避免国内厂商独大所导致的趋于垄断水平的高价,故基于社会福利最大化,应征收较高的关税。反之,若国外厂商的竞争力较弱,过高的关税可能导致国内厂商独大甚至形成垄断市场从而使得消费者面临更高的价格;若国内厂商的竞争力较弱,本质上保护落后的关税将对消费者福利造成较为严重的不利影响;故这两种情形均应征收相对较低的关税。由此,可以得出的一个基本结论是:当两国厂商在市场上处于势均力敌的相对地位时,应征收较高的关税。

下面,考察更为一般的两国厂商拥有非对称成本的情形。此时,表征它们竞争力强弱的因素除却行动顺序外,还有边际成本的相对大小。显然,给定行动顺序,厂商的相对边际成本越小,则意味着其竞争力越强。就国外厂商为领导者的斯塔克尔伯格竞争,若 $c_d \geqslant c_f$,则国外厂商拥有不低于国内厂商的边际成本且有优先选择产量的权利,故其竞争力明显强于国内厂商,且其竞争力优势较古诺竞争的更为明显;但若 $c_d < c_f$,虽然国外厂商有优先选择产量的权利,但其边际成本却高于国内厂商,故其竞争力未必强于国内厂商,而古诺竞争下其竞争力弱于国内厂商。因此,可以发现,若 $c_d \geqslant c_f$,则古诺竞争比国外厂商为领导者的斯塔克尔伯格竞争更接近于两国厂商势均力敌的状态,

故此时古诺竞争下的关税较高；若 $c_d < c_f$，则难以简单断言两种情境下何者更接近两国厂商势均力敌的状态，故此时不能明确哪种情境下的关税较高。类似地，就国内厂商为领导者的斯塔克尔伯格竞争和国外厂商为领导者的斯塔克尔伯格竞争，若 $c_d \leqslant c_f$，则后一情境更接近两国厂商势均力敌的状态，故后者的关税较高；若 $c_d > c_f$，则难以简单断言何者更接近两国厂商势均力敌的状态，故尚不能明确何者的关税较高。

尽管三种情境下最优关税税率的大小关系并非一目了然，但贯穿始终的一个尚未被证伪的基本的原则是：当国内厂商和国外厂商的市场竞争力相当时，基于社会福利最大化的最优关税税率水平较高；反之，若一方的市场竞争力较强，则基于社会福利最大化的最优关税税率水平较低。偏离两厂商势均力敌的状态越远，则最优关税税率水平越低。

特别地，若国外厂商具有成本优势，即国内厂商边际成本高于国外厂商边际成本，则相较斯塔克尔伯格竞争，在古诺竞争下政府应征收更高的关税。

四、影响最优关税税率的其他因素

我们想进一步考察给定两国厂商的行动顺序，最优关税税率还会受哪些因素影响。通过观察 t^c、t^{sd}、t^{sf} 的表达式，不难发现最优关税税率受市场容量 a、国内厂商 d 的边际成本 c_d、国外厂商 f 的边际成本 c_f 等因素的影响。

（一）市场容量对最优关税税率的影响

通过简单的比较静态分析，可以发现：

$$\frac{\partial t^c}{\partial a} = \frac{1}{3} > 0, \quad \frac{\partial t^{sd}}{\partial a} = \frac{5}{19} > 0, \quad \frac{\partial t^{sf}}{\partial a} = \frac{3}{10} > 0$$

在三种情境下，最优关税税率均与市场容量正相关。换言之，国内市场消费者越多，市场容量越大，则基于社会福利最大化的最优关税税率越高。直观上讲，这主要体现了一种"水涨船高"的思想，市场容量越大,则厂商价格相应越高、产量越大,由此关税税率将会随之提高。

(二)国外厂商边际成本对最优关税税率的影响

类似的,可以得到:

$$\frac{\partial t^c}{\partial c_f} = -\frac{1}{3} < 0, \quad \frac{\partial t^{sd}}{\partial c_f} = -\frac{7}{19} < 0, \quad \frac{\partial t^{sf}}{\partial c_f} = -\frac{1}{5} < 0$$

在三种情境下,最优关税税率均与国外厂商边际成本负相关。换言之,国外厂商边际成本越低,则基于社会福利最大化的最优关税税率越高。这是因为,给定行动顺序,国外厂商边际成本越低,则其竞争力越强,对国内产业的冲击越大,故为保护国内产业所需要的最优关税税率将越高。

(三)国内厂商边际成本对最优关税税率的影响

简单比较静态分析,可以得到,

$$\frac{\partial t^c}{\partial c_d} = 0, \quad \frac{\partial t^{sd}}{\partial c_d} = \frac{2}{19} > 0, \quad \frac{\partial t^{sf}}{\partial c_d} = -\frac{1}{10} < 0$$

与市场容量及国外厂商边际成本对最优关税税率的影响不同,在三种情境下,国内厂商边际成本对最优关税税率的影响,呈现出了不同的符号。直观上讲,给定行动顺序,国内厂商边际成本越高,则意味着其竞争力越低,政府为保护本国产业,理应采取更高的关税税率(王婷婷、钟根元,2008)。但事实上,必须认识到,最优关税税率的决定并非仅考虑受保护产业,而应兼顾消费者的福利。如果国内厂商边际成本较高,则政府"保护落后"的行为会对消费者福利产生更为严重的负面影响。由此,国内厂商边际成本对最优关税税率的影响,实际上呈现出两种效应:正向效应是竞争力越低的国内产业越容易受到国外厂商的冲击,故应加大保护力度;负向效应是保护竞争力越低的国内产业对消费者福利的负面影响越大,故应削减保护力度。最终国内厂商边际成本对最优关税税率的影响则取决于两种效应的相对强弱。当两国厂商进行古诺竞争时,两种效应恰相互抵消,故国内厂商边际成本不影响最优关税税率;当国内厂商为斯塔克尔伯格竞争的领导者时,正向效应占主导,故最优关税税率与国内厂商边际成本正相关;当国外厂商为斯塔克尔伯格竞争的领导者时,负向效应占主导,故最优关税税率与国内厂商边际成本负相关。

综上所述,我们有如下结论成立:

命题 4:

最优关税税率与市场容量正相关、国外厂商边际成本负相关。当国内厂商和国外厂商进行古诺竞争时,国内厂商边际成本不影响最优关税税率;当国内厂商为斯塔克尔伯格竞争的领导者时,最优关税税率与国内厂商边际成本正相关;当国外厂商为斯塔克尔伯格竞争的领导者时,最优关税税率与国内厂商边际成本负相关。

第四节　拓展模型分析

一、模型设定

本节将以国内厂商和国外厂商同时进行价格决策的伯川德模型为例展开分析,并将其结论与前文的古诺模型进行对照,以检验结论的稳健性。我们将采用异质产品的价格竞争模型。

假设本国市场上存在两个厂商,分别为国内厂商 d 和国外厂商 f,它们销售同类但异质的产品,记 q_d、q_f 分别为厂商 d 和厂商 f 的产量。两国厂商均具有不变的边际成本,分别记为 c_d 和 c_f;它们的(准)固定成本均为零。

消费者效用函数如下所示:

$$u = a_d q_d + a_f q_f - \frac{1}{2}(b_d q_d^2 + b_f q_f^2 + 2d q_d q_f), \; b, \, d > 0$$

为简化模型,令 $a_d = a_f = a, b_d = b_f = b$,即可将效用函数写作:

$$u = aq_d + aq_f - \frac{1}{2}(bq_d^2 + bq_f^2 + 2dq_dq_f)$$

由效用最大化的一阶条件得：

$$\frac{\partial u}{\partial q_d} = a - bq_d - dq_f = p_d$$

$$\frac{\partial u}{\partial q_f} = a - bq_f - dq_d = p_f$$

此即为两国厂商的反需求函数。可反解出两国厂商的需求函数如下所示：

$$q_d = \frac{(b-d)a - bp_d + dp_f}{(b-d)(b+d)}$$

$$q_f = \frac{(b-d)a - bp_f + dp_d}{(b-d)(b+d)}$$

我们尚需额外地施加 $b > d$ 的先验假定以保证两厂商所销售的产品均为普通商品（而非吉芬商品）。

本国政府和两国厂商进行完全信息的动态博弈。第一阶段，以社会福利最大化为目标的本国政府，选择对国外厂商 f 征收从量的关税 t；第二阶段，两国厂商在观察到 t 后，同时选择价格以实现各自的利润最大化。假定所有上述信息为共同知识。一般采用逆向归纳法求解此动态博弈。

二、模型求解

先考察第二阶段两国厂商同时进行的价格决策。

厂商 d 的利润函数可写作：

$$\pi_d = q_d(p_d - c_d)$$

$$= \frac{[(b-d)a - bp_d + dp_f]}{(b-d)(b+d)}(p_d - c_d)$$

由一阶条件可得：

$$2bp_d = a(b-d) + dp_f + bc_d$$

厂商 f 的利润函数可写作：

$$\pi_f = q_f(p_f - c_f - t) = \frac{\left[(b-d)a - bp_f + dp_d\right]}{(b-d)(b+d)}(p_f - c_f - t)$$

由一阶条件可得：

$$2bp_f = a(b-d) + dp_d + b(c_f + t)$$

联立一阶条件可得两国厂商价格的表达式如下：

$$p_d = \frac{(b-d)(2b+d)a + b\left[2bc_d + d(c_f + t)\right]}{(2b-d)(2b+d)}$$

$$p_f = \frac{(b-d)(2b+d)a + b\left[2b(c_f + t) + dc_d\right]}{(2b-d)(2b+d)}$$

因 $\dfrac{\partial p_d}{\partial t} = \dfrac{bd}{(2b-d)(2b+d)} > 0$，$\dfrac{\partial p_f}{\partial t} = \dfrac{2b^2}{(2b-d)(2b+d)} > 0$，

故可以发现关税的征收确实推高了市场价格。

进一步地，可以得到两国厂商产量的表达式如下：

$$q_d = \frac{b}{(b-d)(b+d)(2b-d)(2b+d)}$$
$$\times\left[(b-d)(2b+d)a - (2b^2 - d^2)c_d + bd(c_f + t)\right]$$

$$q_f = \frac{b}{(b-d)(b+d)(2b-d)(2b+d)}$$
$$\times\left[(b-d)(2b+d)a - (2b^2 - d^2)(c_f + t) + bdc_d\right]$$

$$\frac{\partial q_d}{\partial t} = \frac{b^2 d}{(b-d)(b+d)(2b-d)(2b+d)} > 0$$

这表明，关税表现出正的产业救济效应；

$$\frac{\partial q_f}{\partial t} = -\frac{b(2b^2 - d^2)}{(b-d)(b+d)(2b-d)(2b+d)} < 0$$

这表明,关税表现出负的贸易破坏效应。

下面考虑第一阶段政府选择关税税率水平 t。政府的目标函数由国内厂商利润、国内消费者剩余与税收收入三部分组成,其中:国内厂商 d 的利润可写作:

$$\pi_d = \frac{(b-d)(b+d)}{b} q_d^2$$

国内消费者剩余可写作:

$$CS = u - p_d q_d - p_f q_f = \frac{1}{2}(bq_d^2 + bq_f^2 + 2dq_d q_f)$$

税收收入可写作:tq_f。

接下来,考虑一阶条件。

$\partial W/\partial t = \partial \pi_d/\partial t + \partial CS/\partial t + \partial(tq_a)/\partial t$,其中:

$$\partial \pi_d/\partial t = \frac{2(b-d)(b+d)}{b} \frac{\partial q_d}{\partial t} q_d$$

$$\partial CS/\partial t = \left(b\frac{\partial q_d}{\partial t} + d\frac{\partial q_f}{\partial t} \right) q_d + \left(b\frac{\partial q_f}{\partial t} + d\frac{\partial q_d}{\partial t} \right) q_f$$

$$\partial(tq_f)/\partial t = q_f + t\frac{\partial q_f}{\partial t}$$

令 $\dfrac{b}{(b-d)(b+d)(2b-d)(2b+d)} = A$,则可以写作:

$$\frac{\partial q_d}{\partial t} = Abd, \quad \frac{\partial q_f}{\partial t} = -A(2b^2 - d^2)$$

令 $\partial W/\partial t = 0$,并将 q_d、q_f、$\dfrac{\partial q_d}{\partial t}$、$\dfrac{\partial q_f}{\partial t}$ 的表达式代入可得:

$$\frac{A^2(b^2-d^2)}{b}\left[-2(6b^4 + d^4 - 6b^2 d^2)t + (b-d)(b+d)(2b-d)(2b+d)a \right.$$

$$\left. - (b-d)(b+d)(2b-d)(2b+d)c_f \right] = 0$$

可以求得：

$$t = \frac{(b-d)(b+d)(2b-d)(2b+d)(a-c_f)}{2(6b^4 + d^4 - 6b^2 d^2)}$$

容易验证满足二阶条件。

三、结果讨论

可以发现，此时求得的最优关税税率与市场容量正相关，与国外厂商边际成本负相关，与国内厂商边际成本无关。这恰与古诺模型的结论相一致。那么，此时求得的最优关税税率是否严格为正呢？

由厂商 f 的利润表达式，为保证其能够实现正的利润水平，必须满足：

$$p_f - c_f > 0 \Longleftrightarrow a - bq_f - dq_d - c_f > 0$$

由于需要先验假定 $a - c_f > 0$ 成立，则可以立即证得 $t > 0$。

综上所述，我们在产品差异的伯川德模型中发现了与产品同质的古诺模型中完全一致的研究结论，从而初步验证了本章结论的稳健性。当然，限于研究精力，尽管这可能是一个合理的推断，但我们并没有进一步严格论证序贯决策的价格竞争模型能够得到与产量竞争模型完全一致的研究结论，后续研究中我们将会予以进一步挖掘。

第五节　本章主要结论

本章以厂商决策顺序为切入点，构建动态博弈模型，分析基于社会福利最大化的最优关税税率。通过比较分析，考察厂商行动顺序如何影响最优关税税率的确定及最优关税税率的影响因素，我们得出的主要结论如下：

（1）关税的产业救济效应、贸易破坏效应及最优关税的符号在不同情境中表现出一定的稳健性。具体地,基于不同的厂商决策顺序,均体现出关税正的产业救济效应和负的贸易破坏效应,且最优关税均为正。此外,在每一情境下,最优关税税率均与市场容量正相关,与国外厂商边际成本负相关。

(2) 难以简单断言厂商决策顺序对最优关税税率大小的影响,但一个基本原则是:当两国厂商市场竞争力相当时,最优关税税率水平较高;反之,若一方的市场竞争力较强,则最优关税税率水平较低。偏离两国厂商势均力敌的状态越远,则最优关税税率水平越低。特别地,若国外厂商具有成本优势,即国内厂商边际成本高于国外厂商边际成本,则相较斯塔克尔伯格竞争,古诺竞争下应征收更高的关税。

(3) 国内厂商边际成本对最优关税税率的影响因厂商决策顺序而异。具体地,当两国厂商进行古诺竞争时,国内厂商边际成本不影响最优关税税率;当国内厂商为斯塔克尔伯格竞争的领导者时,最优关税税率与国内厂商边际成本正相关;当国外厂商为斯塔克尔伯格竞争的领导者时,最优关税税率与国内厂商边际成本负相关。

本章聚焦厂商决策顺序,考察三种情境下的最优关税税率,并总结归纳出上述结论,绝非为了进行数学公式演绎的智力游戏,而是希望提醒政策实施者可以根据不同的市场特征,适度征收关税。这对于政策研究者和政策实施者具有一定的借鉴意义。一方面,他们应注意不同市场特征下部分研究结论的普适性,以避免重复的、缺乏实际意义的研究;另一方面,他们应注意当市场特征发生变化时,可能会有部分研究结论因边界条件的变化而有所不同,此时就不能简单地生搬硬套之前的研究结论。

第三章　常弹性需求与最优
战略性贸易政策

第一节　问题提出

战略性贸易政策的开创性研究应归功于 Brander 和 Spencer (1984)。他们认为,当本国市场由国外厂商垄断时,最优关税取决于需求函数。具体地,当边际收益曲线比需求曲线更陡峭时,最优关税为正;反之,当边际收益曲线比需求曲线更平缓时,最优关税为负。特别地,就线性需求而言,最优关税为正;就常弹性需求而言,最优关税为负。接下来,他们考察国内厂商和国外厂商在本国市场上进行古诺竞争的情形,得到的结论是,最优关税为正的一个充分但非必要条件是,国内价格的上升低于税收。这一条件在后续文献中(Helpman, Krugman, 1989; Feenstra, 2004)通常被称作"贸易条件收益"(terms of trade gain)。

Helpman 和 Krugman(1989) 将低关税的净影响分为两项:一项是贸易条件改变,另一项是生产效率收益,其中贸易条件可能会恶化或改进。进一步地,他们论证了:与不存在国内厂商相比,当国外厂商与国内厂商进行古诺竞争时,从量关税更可能改进贸易条件。并且即使关税不能改进贸易条件,它仍可能通过生产效率收益提高社会福利。因此,他们得出结论:对于给定的需求曲线,如果存在不完全竞争的国内产业,低关税更可能提高福利。尽管没有明确断言,但其分析过程表明,他们支持 Brander 和 Spencer(1984)的结论,即如果关税可以改进贸易条件,则会提高社会福利。

Feenstra(2004)指出,就古诺竞争而言,保证关税能够产生贸易条件收益仅需要对需求曲线施加较弱的条件,且包括常弹性需求在内的大多数需求曲线,都能够满足这一条件。结合 Brander 和 Spencer(1984)、Helpman 和 Krugman(1989)的结论,似乎可以断言,对大多数需求曲线,当国内厂商和国外厂商进行古诺竞争时,最优关税为正,低关税可以提高社会福利。然而,Brander 和 Spencer(1984)、Helpman 和 Krugman(1989)的分析基于一个在当时看来几乎是不证自明的结论,即征收关税后国内厂商产量增加。但事实上,这一结论并不总是成立的。

Brander(1995)认为,就古诺竞争而言,应该施加战略替代的额外假设。"战略替代"的概念由 Bulow 等(1985)提出,它意味着每一厂商的边际收益随着其他厂商产量的上升而下降,若将厂商的产量视作战略变量,则它们是"战略替代"的。根据 Feenstra(2004),该假设是确保征收关税后国内厂商产量增加的充分必要条件。因此,就战略性进口政策,能够明确的结论仅仅是:如果关税能够带来贸易条件收益,且征收关税后本国产量增加,则最优关税为正,低关税可以提高社会福利。然而,不同于贸易条件收益,战略替代的假设很容易被违反。根据 Martin(2001)的研究结论,对常弹性需求,两国厂商的产量既可能是战略替代的,也可能是战略互补的,这取决于需求价格弹性和两国厂商的产量水平。

如果战略替代的假设不满足,则征收关税后国内厂商产量反而有可能下降,那么即使关税可以改进贸易条件,也不一定能够提高社会福利。此时,最优关税会受哪些因素影响呢? 目前尚未发现有文献系统考察过这一问题。本章将以常弹性需求为例,考察当国内厂商和国外厂商在本国市场上进行古诺竞争,但战略替代假设可能不满足时,哪些因素将影响最优关税的决定。

当然,仅采用单一的需求函数形式,似乎并不足以提供一般化的理论框架,但我们认为,基于如下几个理由,考察常弹性需求具备足够的理论价值：

第一，常弹性需求是文献中常见的需求函数形式。Brander 和 Spencer(1984)、Helpman 和 Krugman(1989)在论证对外国垄断厂商，最优关税可能为负时，均以常弹性需求为例进行说明；Bandyopadhyay(1997)以常弹性需求为例，考察需求价格弹性和边际成本对出口补贴的影响。

第二，常弹性需求满足贸易条件收益，但不符合战略替代假设。考察常弹性需求，或可提供一个很好的例证，明确地说明，即使关税可以改进贸易条件，也不一定能够提高社会福利。

第三，以往文献在考察最优关税的影响因素时，将关注点集中在需求函数的性质上。我们当然承认需求函数在决定最优关税问题上的重要作用，但在寡头垄断的情形下，直觉上，边际成本也应当是影响最优关税的重要因素。就常弹性需求而言，战略替代的假设是否满足取决于需求价格弹性和两国厂商的产量水平，而两国厂商的产量又进一步取决于它们的边际成本。由此，考察常弹性需求，可以明确揭示边际成本在决定最优关税问题上所扮演的重要角色。

第四，常弹性需求比线性需求可能更适合用于战略性进口政策的研究。由于满足贸易条件收益(Brander，Spencer，1984)、战略替代假设(Brander，1995)，线性需求下低关税必将提高社会福利。如果我们为了简化模型而采用线性需求，可能对战略性进口政策的研究结论产生两方面的误解。一个可能的误解是，认为关税的决定仅取决于需求函数的性质。正如前面所言，以往文献对需求函数的重点关注容易加深这一误解。另一个可能的更加严重的误解是，认为战略性进口政策会给出当国内厂商和国外厂商在本国市场上进行古诺竞争时，低关税会提高社会福利的研究结论。尽管对线性需求来说确实如此，但这一结论事实上不宜盲目推广到一般的需求函数形式。我们认为，即使仅作为一种特定的函数形式，常弹性需求也能够比线性需求更为全面地诠释，最优关税的决定可能受哪些因素影响。

本章余下内容的结构安排如下：第二节为基本模型分析，即构建一个关税的基本模型,考察当国内厂商和国外厂商在本国市场上进行古诺竞争时,最优关税的决定问题;第三节为拓展模型分析,即考察当国内厂商相对国外厂商具有过高的边际成本,从而国外厂商的进入将使得国内厂商退出市场时,最优关税的决定问题;第四节为本章主要结论。

第二节　基本模型分析

一、模型设定

本国市场上存在两个厂商,国内厂商 1 和国外厂商 2,它们生产同质产品,且分别具有不变的边际成本 c_1 和 c_2。需求函数为 $q = p^{-\epsilon}$,ϵ 为需求价格弹性且 $\epsilon > 1$;记反需求函数为 $p = q^{-b}$,其中 $0 < b = 1/\epsilon < 1$。本国政府和两国厂商进行完全信息的动态博弈。第一阶段,以社会福利最大化为目标的本国政府,选择对国外厂商征收从量关税 t;第二阶段,两国厂商在观察到 t 后,同时选择产量水平进行古诺竞争以实现利润最大化。

我们并不打算讨论 $t < 0$ 的情形,因为这意味着对国外厂商进行从量补贴。尽管理论上存在这种可能,但在现实中这样的例子十分罕见。因此,如果理论上最优关税为负,我们将认为自由贸易(即 $t = 0$)将最大化社会福利。换言之,相较自由贸易,只要任何正的关税都将降低社会福利,则我们认为自由贸易是最优选择。如果没有特别注明,本章使用"关税"一词时,即表明是正的关税。

除却需求函数形式以外,本节的模型设定参照 Brander 和 Spencer (1984),故我们假设 $1 - b < c_1/c_2 < 1/(1 - b)$,正如后面即将论证的,这将保证在自由贸易(即 $t = 0$)下,两国厂商能够进行古诺竞争。第三节将放宽这一假设,讨论 $c_1/c_2 \leqslant 1 - b$ 及 $c_1/c_2 \geqslant 1/(1 - b)$ 的情形,作

为对 Brander 和 Spencer(1984)标准框架的补充。

二、模型求解

下面用逆向归纳法求解这两阶段动态博弈。

第二阶段，对给定的从量关税 t，有：

国内厂商 1：$\max\limits_{q_1} \pi_1 = \max\limits_{q_1}(q_1 + q_2)^{-b}q_1 - c_1 q_1$

由一阶条件得：

$$\partial\pi_1/\partial q_1 = -b(q_1 + q_2)^{-b-1}q_1 + (q_1 + q_2)^{-b} - c_1 = 0 \quad (3\text{-}1)$$

$\partial^2\pi_1/\partial q_1^2 = -b(q_1 + q_2)^{-b-2}[(1-b)q_1 + 2q_2] < 0$，满足二阶条件。

国外厂商 2：$\max\limits_{q_2} \pi_1 = \max\limits_{q_2}(q_1 + q_2)^{-b}q_2 - (c_2 + t)q_2$

由一阶条件得：

$$\partial\pi_2/\partial q_2 = -b(q_1 + q_2)^{-b-1}q_2 + (q_1 + q_2)^{-b} - (c_2 + t) = 0$$

$$(3\text{-}2)$$

$\partial^2\pi_2/\partial q_2^2 = -b(q_1 + q_2)^{-b-2}[2q_1 + (1-b)q_2] < 0$，满足二阶条件。

根据 Brander 和 Spencer(1984)，需要进一步验证保证均衡稳定性的条件。

$$\frac{\partial^2\pi_1}{\partial q_1 \partial q_2} = b(q_1 + q_2)^{-b-2}(bq_1 - q_2),$$

$$\frac{\partial^2\pi_2}{\partial q_2 \partial q_1} = b(q_1 + q_2)^{-b-2}(bq_2 - q_1)$$

$$\frac{\partial^2\pi_1}{\partial q_1^2}\frac{\partial^2\pi_2}{\partial q_2^2} - \frac{\partial^2\pi_1}{\partial q_1 \partial q_2}\frac{\partial^2\pi_2}{\partial q_2 \partial q_1}$$

$$= b^2(q_1 + q_2)^{-2(b+2)}\{[(1-b)q_1 + 2q_2][2q_1 + (1-b)q_2]$$

$$- (bq_1 - q_2)(bq_2 - q_1)\}$$

$$= b^2(q_1 + q_2)^{-2(b+2)}[(2-b)q_1^2 + 2(2-b)q_1q_2 + (2-b)q_2^2]$$

$$> 0$$

由此可知,稳定性条件满足。

将(3-1)式和(3-2)式相加得:

$$q = q_1 + q_2 = \left(\frac{2-b}{c_1 + c_2 + t} \right)^{1/b} \tag{3-3}$$

由反需求函数可得:

$$p = q^{-b} = \frac{c_1 + c_2 + t}{2-b} \tag{3-4}$$

因 $0 < b < 1$,则有:

$$\partial p / \partial t = 1/(2-b) < 1$$

由此可知:

性质 1:

对常弹性需求函数 $q = p^{-\varepsilon}(\varepsilon > 1)$,当国内厂商和国外厂商在本国市场上进行古诺竞争时,征收从量关税一定可以改进贸易条件(即 $\partial p / \partial t < 1$)。

需要稍作说明的是,Feenstra(2004)已经论证过上述性质成立,本章此处仅略加验证。

将(3-3)式代入(3-1)式得:

$$q_1 = \frac{(2-b)^{1/b}[c_2 - (1-b)c_1 + t]}{b(c_1 + c_2 + t)^{1+1/b}} \tag{3-5}$$

将(3-3)式代入(3-2)式得:

$$q_2 = \frac{(2-b)^{1/b}[c_1 - (1-b)c_2 - (1-b)t]}{b(c_1 + c_2 + t)^{1+1/b}} \tag{3-6}$$

在自由贸易 $(t=0)$ 下,(3-5)式和(3-6)式可写作:

$$q_1^0 = \frac{(2-b)^{1/b}[c_2 - (1-b)c_1]}{b(c_1 + c_2)^{1+1/b}}, \quad q_2^0 = \frac{(2-b)^{1/b}[c_1 - (1-b)c_2]}{b(c_1 + c_2)^{1+1/b}}$$

为保证两国厂商能够进行古诺竞争,必须有 q_1^0, $q_2^0 > 0$。因此,正如前面所述,需要假设 $1-b < c_1/c_2 < 1/(1-b)$ 成立。

由 $\partial q_1/\partial t = \dfrac{(2-b)^{1/b}[(1+b-b^2)c_1-c_2-t]}{b^2(c_1+c_2+t)^{2+1/b}}$ 可知:

$$\partial q_1/\partial t > 0 \Leftrightarrow (1+b-b^2)c_1-c_2-t > 0 \tag{3-7}$$

并不能保证(3-7)式始终成立。只要注意到 $1-b < 1/(1+b-b^2) < 1/(1-b)$,则对于 $c_1/c_2 \leqslant 1/(1+b-b^2)$,任意 $t > 0$ 都将使得 $(1+b-b^2)c_1-c_2-t < 0$。由此可知,$\partial q_1/\partial t > 0$ 不一定成立。

性质 2:

对常弹性需求函数 $q = p^{-\varepsilon}(\varepsilon > 1)$,国内厂商和国外厂商分别具有不变边际成本 c_1 和 c_2,在本国市场上进行古诺竞争。当且仅当 $(1+b-b^2)c_1-c_2-t > 0$ 时,征收从量关税 t 后国内厂商产量增加(即 $\partial q_1/\partial t > 0$),其中 $b = 1/\varepsilon$。

当 $\partial q_1/\partial t > 0$ 成立时,根据 Brander 和 Spencer(1984)、Feenstra(2004)的研究结论,可推知最优关税为正,低关税提高社会福利。只要 $(1+b-b^2)c_1-c_2 > 0$,即 $c_1/c_2 > 1/(1+b-b^2)$,则总存在 $t > 0$,使得 $(1+b-b^2)c_1-c_2-t > 0$,因此,可以得到如下结论:

命题 1(关税的充分条件):

对常弹性需求函数 $q = p^{-\varepsilon}(\varepsilon > 1)$,国内厂商和国外厂商分别具有不变边际成本 c_1 和 c_2,且在本国市场上进行古诺竞争。若 $c_1/c_2 > 1/(1+b-b^2)$,则最优关税为正,低关税提高社会福利,其中 $b = 1/\varepsilon$。

由于 $0 < b < 1$,则 $1/(1+b-b^2) < 1$,故对于对称边际成本($c_1 = c_2$)或国外厂商具备成本优势($c_1 > c_2$)的情形,显然满足命题 1 的条件。由此,可以得到如下推论:

推论 1:

对常弹性需求函数 $q = p^{-\varepsilon}(\varepsilon > 1)$,国内厂商和国外厂商分别具有不变边际成本 c_1 和 c_2,且在本国市场上进行古诺竞争。若两国厂商具有对称的边际成本($c_1 = c_2$)或国外厂商具备成本优势($c_1 > c_2$),则最优关税为正,低关税提高社会福利。

当然,即使 $c_1/c_2 < 1/(1+b-b^2)$,征收关税仍然可能提高社会福利。下面我们考察第一阶段政府如何选择关税 t 以实现社会福利最大化,继而导出最优关税为正的充要条件。

定义 1:

当国内厂商和国外厂商在本国市场上进行古诺竞争,且对国外厂商征收从量关税 t 时,本国社会福利记作 $W(t)$。

$W(t)$ 由消费者剩余 $CS(t)$、国内厂商利润 $\pi_1(t)$ 和税收收入 tq_2 三部分组成,其中:

$$CS(t) = \int_0^q x^{-b}\mathrm{d}x - pq = \frac{b}{1-b}\left(\frac{2-b}{c_1+c_2+t}\right)^{1/b-1}$$

$$\pi_1(t) = (p-c_1)q_1 = \frac{(2-b)^{1/b-1}\left[c_2-(1-b)c_1+t\right]^2}{b(c_1+c_2+t)^{1+1/b}}$$

$$tq_2 = \frac{(2-b)^{1/b}t\left[c_1-(1-b)c_2-(1-b)t\right]}{b(c_1+c_2+t)^{1+1/b}}$$

$$W(t) = CS(t) + \pi_1(t) + tq_2$$
$$= A(c_1+c_2+t)^{-1-1/b}\{b^2(c_1+c_2+t)$$
$$+ (1-b)\left[c_2-(1-b)c_1+t\right]^2$$
$$+ (2-b)(1-b)t\left[c_1-(1-b)c_2-(1-b)t\right]\}$$

其中:

$$A = \frac{(2-b)^{1/b-1}}{b(1-b)} > 0$$

$$\partial W(t)/\partial t = -A(1/b+1)(c_1+c_2+t)^{-1/b-2}\{b^2(c_1+c_2+t)$$
$$+ (1-b)\left[c_2-(1-b)c_1+t\right]^2$$
$$+ (2-b)(1-b)t\left[c_1-(1-b)c_2-(1-b)t\right]\}$$
$$+ A(c_1+c_2+t)^{-1/b-1}\{2b^2(c_1+c_2+t)$$
$$+ 2(1-b)\left[c_2-(1-b)c_1+t\right]$$

$$+(2-b)(1-b)[c_1-(1-b)c_2-2(1-b)t]\}$$
$$=B\{(-b^3+3b^2-4b+1)t^2-b[(2b^2-4b+3)c_1$$
$$+(2b^2-5b+5)c_2]t-[(1-b)^2(1+b)c_1^2$$
$$-(2-b^3)c_1c_2+(1+b-2b^2+b^3)c_2^2]\}$$

其中：

$$B=\frac{A(1-b)}{b}(c_1+c_2+t)^{-1/b-2}>0$$

$$\partial W(t)/\partial t\geqslant(\leqslant)0\Leftrightarrow f(t)\geqslant(\leqslant)0$$

其中：

$$f(t)=(-b^3+3b^2-4b+1)t^2-b[(2b^2-4b+3)c_1+(2b^2-5b+5)c_2]t$$
$$-[(1-b)^2(1+b)c_1^2-(2-b^3)c_1c_2+(1+b-2b^2+b^3)c_2^2]$$

由于 $f(t)$ 是关于 t 的连续函数，则 $f(0)>0$ 意味着，对于 $t\to0^+$，有 $f(t)>0$；反之，$f(0)<0$ 表示，对于 $t\to0^+$，有 $f(t)<0$；特别地，若 $f(0)=0$，对于 $t\to0^+$，因 $-b[(2b^2-4b+3)c_1+(2b^2-5b+5)c_2]<0$，同样可推知 $f(t)<0$。由此可知，"低关税提高社会福利"的充要条件为 $f(0)>0$，即：

$$(1-b)^2(1+b)c_1^2-(2-b^3)c_1c_2+(1+b-2b^2+b^3)c_2^2<0$$

$$(3-8)$$

三、结果讨论

文献中经常不加区别地使用"最优关税为正"和"低关税提高社会福利"这两种说法（Brander，Spencer，1984；Helpman，Krugman，1989；Feenstra，2004）。由"低关税提高社会福利"可推知"最优关税为正"是显而易见的，但"最优关税为正"是否意味着"低关税提高社会福利"呢？这就需要排除一种可能性，即"低关税降低社会福利，但较高的关税反而提高社会福利"。通常来讲，可以排除这种可能[不过，在较为特殊的条件下，仍存在"低关税降低社会福利，高关税提高社会福利"

的可能,见本章后面的推论3。这也是我们必须要验证(3-8)式的原因]。那是因为,关税会产生消费扭曲,但在低关税时可以忽略不计(Helpman, Krugman, 1989)。由于在计算高关税的社会福利时,必须考虑这部分消费扭曲,从而与低关税相比,高关税更倾向于降低而非提高社会福利。不过,在文献中并未发现对两者等价性的严格论证,因此,我们将进一步验证(3-8)式同样是"最优关税为正"的充要条件,详见书末附录A。

(3-8)式解为 $\tilde{c}_1 < c_1/c_2 < \tilde{c}_2$,易验证 $\tilde{c}_1$, $\tilde{c}_2 > 0$,详见书末附录A。其中:

$$\tilde{c}_1 = \frac{(2-b^3)-\sqrt{b^2(16-16b-8b^2+12b^3-3b^4)}}{2(1-b)^2(1+b)}$$

$$\tilde{c}_2 = \frac{(2-b^3)+\sqrt{b^2(16-16b-8b^2+12b^3-3b^4)}}{2(1-b)^2(1+b)}$$

由于 $\tilde{c}_2 > 1/(1-b)$,则在 $1-b < \tilde{c} < 1/(1-b)$ 的假定下,$\tilde{c} < \tilde{c}_2$ 自动满足;通过验证 $\tilde{c}_1 < 1/(1-b)$,可以保证 $\tilde{c} > \tilde{c}_1$ 的解非空(具体过程见书末附录A)。由此可知,$\tilde{c} > \tilde{c}_1$ 即为(3-8)式成立的充要条件。至此,可以得到如下结论:

命题2(关税的充要条件):

对常弹性需求函数 $q = p^{-\varepsilon}(\varepsilon > 1)$,国内厂商和国外厂商分别具有不变边际成本 c_1 和 c_2,且在本国市场上进行古诺竞争。当且仅当 $c_1/c_2 > c^*$,最优关税为正,低关税提高社会福利。进一步地,最优关税由满足 $f(t^*) = 0$ 及 $f'(t^*) < 0$ 的 t^* 给出,其中 $b = 1/\varepsilon$,$c^* = \dfrac{(2-b^3)-\sqrt{b^2(16-16b-8b^2+12b^3-3b^4)}}{2(1-b)^2(1+b)}$,$f(t) = (-b^3+3b^2-4b+1)t^2 - b[(2b^2-4b+3)c_1+(2b^2-5b+5)c_2]t - [(1-b)^2(1+b)c_1^2-(2-b^3)c_1c_2+(1+b-2b^2+b^3)c_2^2]$。

需要注意的是,到此为止,前面的推导尚有一处并不严谨,因为我们并未对厂商2的产量 q_2 施加非负约束。就低关税能否提高社会福利的讨论而言,并不存在问题,因为当 $t \to 0^+$ 时,由 $1-b < c_1/c_2 < 1/(1-b)$,能够保证 $q_2 > 0$。但就最优关税的确定而言,$1-b < c_1/c_2 < 1/(1-b)$ 可以保证征税后厂商1的产量为正,却无法保证征税后厂商2的产量为正。在前面的推导过程中,对 $t > \bar{t} = \dfrac{c_1 - (1-b)c_2}{1-b}$,会使得 $q_2 < 0$;但事实上,此时应取 $q_2 = 0$。下面将论证,考虑 q_2 的非负约束后,命题2的结论仍然成立。

定义2:

记国内厂商垄断本国市场时的社会福利为 W^1。

由于 $W(\bar{t}) = W^1$(证明见书末附录A),则当 $t \leqslant \bar{t}$ 时,社会福利由 $W(t)$ 给出;当 $t \geqslant \bar{t}$ 时,社会福利由 W^1 给出。若 $t^* \leqslant \bar{t}$,则有 $W(t^*) \geqslant W(\bar{t}) = W^1$,故此时在 t^* 处社会福利函数取最大值。若 $t^* > \bar{t}$,则有 $W(t) \leqslant W(\bar{t}) = W^1$,故此时在 $t \geqslant \bar{t}$ 处,社会福利函数取最大值,因 $t^* > \bar{t}$,故社会福利函数仍在 t^* 处取最大值。至此,我们已经证明,考虑 q_2 的非负约束后,命题2的结论仍然成立。

命题2表明,当国内厂商和国外厂商在本国市场上进行古诺竞争时,如果国内厂商缺乏明显的成本优势,则应当对国外厂商适当征税,低关税会提高社会福利;反之,如果国内厂商具备明显的成本优势,则应当选择自由贸易,低关税会降低社会福利。该结论的一个直观理解是,就寡头竞争的情形,当国内厂商面对较强的竞争对手时,应当征收适量关税;反之,当国内厂商面对较弱的竞争对手时,应当选择自由贸易。换言之,一个以社会福利最大化为目标的政府希望国内厂商面对一个中等强度的外国竞争者,从而在本国市场上维持适度竞争。

命题2很好地揭示了最优关税的符号如何受边际成本影响。它清晰地表明,最优关税的符号并不能仅由需求函数的性质单独决定。具体地,可将其表述如下:

推论2:

对常弹性需求函数 $q = p^{-\varepsilon}(\varepsilon > 1)$,当国内厂商和国外厂商分别具

49

有不变边际成本 c_1 和 c_2，且在本国市场上进行古诺竞争时。对任意满足 $1-b<c_1/c_2<1/(1-b)$ 的 c_1、c_2，既不存在 ε，使得最优关税恒为正，低关税必然提高社会福利；也不存在 ε，使得自由贸易一定是最优选择，低关税必然降低社会福利。其中，$b=1/\varepsilon$。

第三节　拓展模型分析

一、模型设定

本节将放宽第二节中 $1-b<c_1/c_2<1/(1-b)$ 的假定。无需对 $c_1/c_2\leqslant 1-b$ 进行过多讨论，因为这表明，相对边际成本过高的国外厂商无法进入本国市场，市场由国内厂商所垄断。我们更关心 $c_1/c_2\geqslant 1/(1-b)$ 的情形，这意味着如果不对国外厂商征税，相对边际成本过高的国内厂商将无法同国外厂商进行古诺竞争从而退出市场，本国市场将由国外厂商垄断。

本节重点讨论 $c_1/c_2\geqslant 1/(1-b)$ 的情形。

定义 3:

记国外厂商垄断本国市场，并对其征收从量关税 t 时的社会福利为 $W^2(t)$。

二、结果讨论

首先，我们分析 $c_1/c_2=1/(1-b)$ 的情形。此时，可以认为国内厂商和国外厂商进行古诺竞争且国内厂商选择零产量水平，也可以认为本国市场由国外厂商垄断。事实上，两种描述刻画的是同一个状态，这可以通过验证 $W(0)=W^2(0)=1/(2c_2)$ 来说明。这意味着，对 $t\geqslant 0$，社会福利水平均由 $W(t)$ 给出。由此，对 $c_1/c_2=1/(1-b)$ 的情形，适用命题 2 的结论。

接下来,我们考察 $c_1/c_2 > 1/(1-b)$ 的情形。此时,在自由贸易下,本国市场由国外厂商垄断。因对 $t \to 0^+$,仍有 $c_1/(c_2+t) > 1-b$,这意味着低关税不会改变本国市场由国外厂商垄断的状态。根据 Helpman 和 Krugman(1989)的研究结论,就常弹性需求而言,当国内市场由国外厂商垄断时,关税会降低社会福利。由此可知,若 $c_1/c_2 > 1/(1-b)$,则低关税会降低社会福利。

$$令\ q_1 = \frac{(2-b)^{1/b}[c_2-(1-b)c_1+\tilde{t}]}{b(c_1+c_2+t)^{1+1/b}} = 0,则\ \tilde{t} = (1-b)c_1 - c_2 > 0。$$

上式表明,为保证国内厂商能够在本国市场上同国外厂商进行古诺竞争,至少需要征收 $\tilde{t}$ 的从量关税。这意味着,若 $t \leqslant \tilde{t} = (1-b)c_1 - c_2$,则本国市场将由国外厂商垄断,此时征收关税 t 会降低社会福利。

那么,对于 $t > \tilde{t}$ 的情形,关税又将会对社会福利产生什么影响呢?这取决于 $\tilde{t}$ 与 t^* 的相对大小。

首先,我们将论证,若 $\tilde{t} \geqslant t^*$(这表示在 t^* 下仍不能使得 $q_1 > 0$),自由贸易(即 $t = 0$)能够最大化社会福利,关税会降低社会福利。对 $t \leqslant \tilde{t}$,根据 Helpman 和 Krugman(1989)的研究结论,有 $W^2(0) > W^2(t)$;结合 $W(\tilde{t}) = W^2(\tilde{t})$(证明见书末附录 A),我们有 $W^2(0) > W^2(\tilde{t}) = W(\tilde{t})$。对 $t > \tilde{t} \geqslant t^*$,根据第二部分的分析,有 $W(t) < W(\tilde{t})$。由此可知,若 $\tilde{t} \geqslant t^*$,则当 $t = 0$ 时,社会福利最大,此时国外厂商将垄断本国市场,且社会福利由 $W^2(0)$ 决定。

接下来,我们考察 $\tilde{t} < t^*$ 的情形。此时,尽管在 t^* 处有 $q_1 > 0$,但 t^* 仍然可能不是最优选择。因为当且仅当 $t \geqslant \tilde{t}$ 时,社会福利函数由 $W(t)$ 给出;而当 $t \leqslant \tilde{t}$ 时,社会福利函数则由 $W^2(t)$ 给出。这意味着,相较征收关税 t^*,实施自由贸易使得厂商 2 垄断国内市场有可能使得社会福利更大。对 $t \leqslant \tilde{t}$,有 $W^2(0) > W^2(t)$;对 $t > \tilde{t}$,根据第二部分的分析,$W(t)$ 在 t^* 处取最大值。由此可知,最大化的社会福利由 $\max\{W^2(0), W(t^*)\}$ 给出。

综上所述,有如下结论成立:

命题 3：

对常弹性需求函数 $q = p^{-\varepsilon}(\varepsilon > 1)$，国内厂商和国外厂商分别具有不变边际成本 c_1 和 c_2，且在本国市场上进行（可能的）古诺竞争。当 $c_1/c_2 > 1/(1-b)$ 时，若 $\tilde{t} \geqslant t^*$（即在 t^* 下仍不能使得 $q_1 > 0$），则自由贸易是最优选择。若 $\tilde{t} < t^*$（即在 t^* 下有 $q_1 > 0$），则征收关税能否提高社会福利由 $W^2(0)$ 和 $W(t^*)$ 的相对大小决定。若 $W^2(0) \geqslant W(t^*)$，则自由贸易是最优选择；若 $W^2(0) \leqslant W(t^*)$，则最优关税为 t^*。其中，$b = 1/\varepsilon$，$\tilde{t} = (1-b)c_1 - c_2$，$t^*$ 由命题 2 给出。

需要稍作补充说明的是，根据前面所述，本国厂商和国外厂商能否进行古诺竞争取决于（征税后）它们边际成本（对国外厂商征收从量关税相当于提高了国外厂商的边际成本）的相对大小。因此，两国厂商试图在本国市场上进行古诺竞争，但如果一方的相对边际成本过高，则市场将由另一方垄断，故称之为"（可能的）古诺竞争"，下同。

命题 3 的表述稍微有些复杂，我们希望得到更为直观的结论。事实上，若 $c_1/c_2 > 1-b$ 且 $c_1/c_2 \to 1-b$，则一个足够小的关税 t 即可使得国内厂商能够同国外厂商进行古诺竞争（即 $q_1 > 0$），且 $W^2(0) \approx W^2(\tilde{t}) = W(\tilde{t}) < W(t^*)$，故最优关税为 t^*；若 $c_1/c_2 \to \infty$，则即使充分大的关税仍不能改变国外厂商垄断本国市场的状态，此时自由贸易是最优选择。由此可以推断，存在一个 $\bar{c}$，当 $c_1/c_2 \geqslant \bar{c}$ 时，自由贸易为最优选择；当 $c_1/c_2 \leqslant \bar{c}$ 时，最优关税为 t^*。其中，$\bar{c}$ 由 $W^2(0) = W(t^*)$ 给出。因此，可将命题 3 用如下更为直观的形式表述：

命题 3′：

对常弹性需求函数 $q = p^{-\varepsilon}(\varepsilon > 1)$，国内厂商和国外厂商分别具有不变边际成本 c_1 和 c_2，且在本国市场上进行（可能的）古诺竞争。当 $c_1/c_2 > 1/(1-b)$ 时，若 $c_1/c_2 \leqslant \bar{c}$，最优关税为 t^*；若 $c_1/c_2 \geqslant \bar{c}$，自由贸易是最优选择。其中，$b = 1/\varepsilon$，$\bar{c}$ 由 $W^2(0) = W(t^*)$ 给出，且 $\bar{c} > 1/(1-b)$，t^* 由命题 2 给出。

命题 3′ 考察自由贸易下国内厂商无力同国外厂商竞争的情形。

它表明,若国内厂商的成本劣势并不特别严重,则应当对国外厂商适当征税;反之,如果国内厂商的成本劣势特别严重,则应当选择自由贸易。该结论的一个直观理解是,如果通过适当征税能够打破国外厂商垄断本国市场的格局,使得国内厂商进入市场,则可以带来福利改进;但是,如果维持国内厂商生产所需要的关税水平太高,以至于其产生的扭曲已经不足以弥补其收益,则应当选择自由贸易。

前面已论证,当 $c_1/c_2 > 1/(1-b)$ 时,低关税降低社会福利。将其与命题 3′ 结合,我们发现一个似乎有悖常理的结论:

推论 3:

对常弹性需求函数 $q = p^{-\varepsilon}(\varepsilon > 1)$,国内厂商和国外厂商分别具有不变边际成本 c_1 和 c_2,且在本国市场上进行(可能的)古诺竞争。当 $c_1/c_2 > 1/(1-b)$ 时,存在这样一种情形:低关税会降低社会福利,但较高的关税水平却可能提高社会福利。

前面曾提及文献中经常不加区分地使用"最优关税为正"和"低关税提高社会福利"这两种说法;在本章第二节的分析中,我们也论证了这两种说法确实是等价的。正如前面所言,由于会产生不可忽略的消费扭曲,高关税同低关税相比,更倾向于降低而非提高社会福利,从而"低关税降低社会福利,高关税提高社会福利"的可能与我们的直觉相悖。然而,无论在文献中还是在本章第二节的分析中,主要讨论的是征收关税不会改变市场结构的情形。(当然,本章的第二节已经考察了征收较高关税使得国外厂商退出市场,从而市场结构由寡头竞争变为国内厂商垄断的情形,但是这样的市场结构改变,并不影响"最优关税为正"和"低关税提高社会福利"等价的结论成立。)

一旦考虑到关税可能打破国外厂商对本国市场的垄断,则"低关税降低社会福利,但较高的关税可能提高社会福利"的结论也就不难理解。这是因为,如果自由贸易下国内厂商无力同国外厂商竞争,那么低关税同样难以打破国外厂商垄断本国市场的格局,但较高的关税却可以使得国内厂商进入市场。换言之,由于较高的关税能够将本国市场结构由国外厂商垄断变为国内厂商同国外厂商的寡头竞争,所以它可能带来低关税所不能实现的福利改进。

三、结论综合与举例说明

将第二节与本节的分析结合起来,可以得到如下综合性的结论:

命题 4:

对常弹性需求函数 $q=p^{-\varepsilon}(\varepsilon>1)$,国内厂商和国外厂商分别具有不变边际成本 c_1 和 c_2,且在本国市场上进行(可能的)古诺竞争。

当 $c_1/c_2 \leqslant 1-b$ 时,国外厂商不会进入本国市场。

当 $c^* < c_1/c_2 \leqslant 1/(1-b)$ 时,低关税提高社会福利;当 $1-b < c_1/c_2 \leqslant c^*$ 或 $c_1/c_2 > 1/(1-b)$ 时,低关税降低社会福利。

当 $c^* < c_1/c_2 \leqslant \bar{c}$ 时,最优关税为正,且由满足 $f(t^*)=0$ 及 $f'(t^*)<0$ 的 t^* 给出;当 $1-b < c_1/c_2 \leqslant c^*$ 或 $c_1/c_2 \geqslant \bar{c}$ 时,自由贸易为最优选择。

其中,$b=1/\varepsilon$;$c^* = \dfrac{(2-b^3)-\sqrt{b^2(16-16b-8b^2+12b^3-3b^4)}}{2(1-b)^2(1+b)}$;

$\bar{c}$ 由 $W^2(0)=W(t^*)$ 给出,且 $\bar{c}>1/(1-b)$;

$f(t)=(-b^3+3b^2-4b+1)t^2-b[(2b^2-4b+3)c_1+(2b^2-5b+5)c_2]t-[(1-b)^2(1+b)c_1^2-(2-b^3)c_1c_2+(1+b-2b^2+b^3)c_2^2]$

命题 4 表明,当国内厂商在本国市场上面临国外厂商的竞争时,如果国内厂商缺乏明显的成本优势且不具备严重的成本劣势,则应当对国外厂商适当征税;反之,如果国内厂商具备明显的成本优势或严重的成本劣势,则应当选择自由贸易。该结论的一个直观理解是,当国内厂商面对较弱的国外竞争者时,不需要对其进行保护;当国内厂商面对较强的国外竞争者时,应当对其进行适当保护;但是,当国内厂商面对的国外竞争者过强时,因保护的代价太大,故应当放弃对其的保护。换言之,一个以社会福利最大化为目标的政府希望本国市场能够维持适度的竞争;但是,如果维持这种竞争的代价过高,则它宁愿选择由国外厂商垄断市场。

例:$\varepsilon=2$(即 $b=1/2$)

我们以 $\varepsilon = 2$（即 $b = 1/2$）为例，给出此时的最优关税水平 t^*，从而更清晰地阐明如何由 $W^2(0) = W(t^*)$ 确定 $\bar{c}$，以使得命题 4 的结论更为直观。

$$f(t) = -\frac{3}{8}\left[t^2 + 2(c_1 + 2c_2)t + (c_1^2 - 5c_1 c_2 + 3c_2^2)\right]$$

$$t^* = \sqrt{c_2^2 + 9c_1 c_2} - (c_1 + 2c_2)$$

$$c^* = \frac{5 - \sqrt{13}}{2}$$

$$W^2(0) = \frac{1}{2c_2}$$

$$W(t^*) = \frac{3}{2(c_1 + c_2 + t^*)} + \frac{3(2c_2 - c_1 + 2t^*)^2}{4(c_1 + c_2 + t^*)^3} + \frac{9t(2c_1 - c_2 - t^*)}{4(c_1 + c_2 + t^*)^3}$$

$$= \frac{9(6c_1 + c_2 - \sqrt{c_2^2 + 9c_1 c_2})}{4\left[(9c_1 + 4c_2)\sqrt{c_2^2 + 9c_1 c_2} - 4c_2^2 - 27c_1 c_2\right]}$$

$$W(t^*) - W^2(0) \leqslant (\geqslant) 0 \Leftrightarrow c_1/c_2 \geqslant (\leqslant) \frac{18 + 5\sqrt{15}}{18}$$

即：$\bar{c} = \dfrac{18 + 5\sqrt{15}}{18}$

第四节　本章主要结论

本章以常弹性需求为例，系统考察当国内厂商和国外厂商在本国市场上进行（可能的）古诺竞争时，最优关税的决定问题，主要研究结论如下：

结论 1：

尽管常弹性需求满足贸易条件收益，但低关税不一定会提高社会

福利。

Feenstra(2004)已经明确指出,关税可能减少国内产量,这将趋向于抵销关税带来的贸易条件收益,由此"改进贸易条件的低关税未必会提高社会福利"的结论似乎已经呼之欲出。但是,由于缺乏明确的例证,Feenstra(2004)谨慎地保留了他的观点,并且援引 Horstmann 和 Markusen(1986)的研究结论,论证低关税导致的贸易条件收益可能不足以带来福利改善。但是,Horstmann 和 Markusen(1986)的结论需要"国内产业可自由进入"的额外假设。事实上,即使在 Brander 和 Spencer(1984)的标准框架下,同样可以找到明确的反例论证"改进贸易条件的低关税未必会提高社会福利",如本章所研究的常弹性需求。

结论 2:

就常弹性需求而言,最优关税的符号并不能仅由需求函数的性质(这里表现为需求价格弹性)单独决定,边际成本对最优关税的决定有重要影响。

经典文献(Brander,Spencer,1984;Helpman,Krugman,1989;Brander,1995;Feenstra,2004)在考察最优关税的决定问题时,着重关注需求函数的性质,却鲜有提及边际成本对最优关税的可能影响。特别地,在线性需求下,边际成本的确不会影响最优关税的符号,这使得边际成本对最优关税的可能影响更容易被忽视。本章通过对常弹性需求的考察,揭示出边际成本对最优关税的重要影响,提醒研究者重审边际成本在整个战略性贸易政策理论中所扮演的角色。

结论 3:

如果在自由贸易下,国内厂商能够同国外厂商进行古诺竞争,且相对国外厂商,国内厂商缺乏明显的成本优势,则低关税提高社会福利,最优关税为正;反之,若国内厂商具备明显的成本优势,则低关税降低社会福利,自由贸易是最优选择。

该结论给出了征收关税的充要条件(详见本章命题 2),是对本章结论 1 和结论 2 的进一步细化。一个直观理解是,当国内厂商面对较强的竞争对手时,应当征收适量关税;反之,当国内厂商面对较弱的竞争对手时,应当选择自由贸易。换言之,一个以社会福利最大化为目标的政府希望国内厂商面对一个中等强度的外国竞争者,从而在本国市场上维持适度竞争。经典文献普遍忽视边际成本对最优关税决定的重要作用,因此,尚未在已有文献中发现类似的明确研究结论。尽管Bandyopadhyay(1997)的早期研究曾尝试考察边际成本对出口补贴的影响,但其研究结论并不十分明确。具体地,当需求富有弹性时,他论证了,若国内厂商比国外厂商的边际成本更低,补贴是最优的;但是,他却不能论证,若国内厂商比国外厂商的边际成本更高,补贴究竟是不是最优的。系统考察边际成本如何影响最优进口关税的相关研究则更为罕见,本章的研究结论可以明确而具体地揭示边际成本对最优关税决定的重要影响。

结论 4：

如果在自由贸易下,国外厂商的进入将使得国内厂商退出市场,则低关税会降低社会福利。 此时,相对国外厂商,若国内厂商的成本劣势并不严重,则应适当征税以使得国内厂商进入市场;反之,若国内厂商的成本劣势严重,则应选择自由贸易并由国外厂商垄断市场。

在通常情况下,现有文献(Brander, Spencer, 1984；Helpman, Krugman, 1989；Feenstra, 2004)总是先考察本国市场由国外厂商垄断,再考察国内厂商和国外厂商在本国市场上进行寡头竞争的情形。但是,上述文献未讨论的一种情形是,通过征收关税,可能使得自由贸易下无力同国外厂商竞争的国内厂商进入市场,从而打破国外厂商垄断本国市场的格局。

Brander 和 Spencer(1981)曾论证,当本国市场由国外厂商垄断,但存在潜在的斯塔克尔跟随者(国内厂商)时,征收关税后,一方面,国外厂商为遏制国内厂商进入不会将价格提升太多,从而关税更多地由国外厂商承担;另一方面,国内厂商将更有可能进入市场。不过,Brander 和 Spencer(1984)在分析最优关税的决定问题时,并未考察潜在进入者的情形。后续文献多遵循 Brander 和 Spencer(1984)的分析框架。

本章一并考察潜在进入者的情形,作为对 Brander 和 Spencer (1984)标准框架的有力补充,以使得战略性进口政策的研究结论更为完整。特别地,这种考察揭示出一种理论可能:低关税会降低社会福利,但较高的关税水平却有可能提高社会福利。这是因为低关税难以打破国外厂商垄断市场的格局,而较高的关税却可以使得国内厂商进入市场。该结论的一个直观理解是,如果通过适当征税能够打破国外厂商垄断本国市场的格局,使得国内厂商进入市场,则可能带来福利改进;但是,如果维持国内厂商生产所需要的关税水平太高,以至于其产生的扭曲已经不足以弥补其收益,则应当选择自由贸易并由国外厂商垄断市场。也就是说,尽管一个以社会福利最大化为目标的政府倾向于维持国内市场的适度竞争,但如果维持竞争的代价过高,则它宁愿选择由国外厂商垄断市场。

总之,本章的研究结论丰富了战略性进口政策的理论成果,也可为日益盛行的贸易政策实践提供一定的理论指导和借鉴意义。一旦需要在贸易政策实践中使用战略性进口政策的研究结论,则应当特别注意其边界条件,使反倾销措施能够真正符合"公共利益原则"。本章的主要不足在于仅考察了单一需求函数形式,未能将其推广至一般情形。特别地,对于不满足战略替代假设的一般需求函数形式,是否均有类似本章的研究结论成立,这将是我们未来的研究方向。

第四章 市场结构、产业关联与最优反倾销税

第一节 问题提出

现有文献在考察最优关税的决定问题上,多将国内市场结构预设为完全垄断,因而国内厂商和国外厂商成为市场上的双寡头。但我们认为,研究不同市场结构下最优关税的决定问题兼具理论价值和实践意义。在理论上,根据 Helpman 和 Krugman(1989)的早期研究,市场结构会对贸易政策的效应产生影响;在实践中,关税征收不仅适用于垄断性产业,而且适用于竞争性产业。我们有理由相信,当受保护产业面临不同的市场结构时,关税征收对公共利益的作用机理和效果可能有所不同,从而为实现社会福利最大化所需的最优贸易政策也会存在差异,这在反倾销领域尤为突出。针对这种可能存在差异的比较分析,有助于为贸易政策实践提供理论依据和借鉴意义。本章以反倾销税为例,考察不同市场结构下的产业关联效应对最优贸易政策的影响。

就反倾销实践而言,根据中国贸易救济信息网公布的反倾销立案调查公告,可以发现,反倾销措施涉足的产业领域,既有唯一的国内生产厂商从而表现为完全垄断的国内产业,又有数量众多的国内生产厂商从而接近于完全竞争的国内产业。

我国立案的垄断性市场结构下的反倾销案很多。例如,2002 年我国对原产于欧盟的邻苯二酚发起的反倾销立案调查,申请人连云港三吉利化学工业有限公司在 2000 年和 2001 年 1～9 月的产量占全国同

期总产量的 100%，即为国内唯一生产厂商。又如，2004 年我国对原产于日韩的进口核苷酸类食品添加剂进行反倾销立案调查，申请人广东肇庆星湖生物科技股份有限公司在 2003 年和 2004 年 1～6 月的产量占全国同期总产量的 100%，即为国内唯一生产厂商。再如，2008 年我国对原产于日本的气相色谱—质谱联用仪进行反倾销立案调查，申请人北京东西分析仪器有限公司在 2006 年和 2007 年的产量占全国同期总产量的 100%，即为国内唯一生产厂商。

我国立案的竞争性市场结构下的反倾销案也很多。例如，2009 年我国对原产于沙特阿拉伯等国的甲醇进行反倾销立案调查，申请人和支持申请者共计 33 家公司 2006—2009 年的产量在全国同期总产量占比超过 50%，可以看出该产业厂商数量较多，其市场结构趋近于完全竞争。又如，2009 年，我国对原产于美国的进口白羽肉鸡产品进行反倾销立案调查，申请人中国畜牧业协会作为拥有众多会员单位的机构，2006—2009 年的产量在全国同期总产量占比也仅在 50%～60%，作为农产品该市场非常接近完全竞争。

反倾销措施作为一种贸易救济手段，其初衷是通过抑制进口保护国内产业。国内外学者基于美国（Staiger，Wolak，1994；Krupp，Pollard，1996；Prusa，1996）、欧盟（Brenton，2001）、中国（鲍晓华，2007；王晓磊和沈瑶，2014）的相关研究发现，反倾销措施表现出显著的贸易抑制效应，即通过征收反倾销税，确能有效限制涉案产品的进口总量，以此缓解国内产业面临的竞争压力。但是，只要倾销并非掠夺性的，反倾销措施通常会对消费者的福利产生不利影响（Viner，1923）。这是因为反倾销措施会导致进口价格提高和国内市场总供给下降（Wares，1977），从而使得消费者面临更高的价格和更低的消费量，这将导致其福利受损，甚至可能面对国内产业龙头企业垄断市场并索取垄断高价的危险（Tharakan，1991；Finger，1993）。反倾销措施也会通过产业关联效应对上下游产业产生影响。就上游产业而言，征收反倾销税后，涉案产品的国内市场价格上升，国内产量随之增加，从而对上游产品的派生需求增加，由此引发上游产品产量和价格的上升，这就产生了双重保护效应(Spencer,Jones,1989);就下游产业而言,征收反倾销税后,涉案产品的国内市场价格上升,这将使得下游产品生产成本增加并导致产量下降(Krupp,Steath,2002),既不利于国内市场销售(Bierwagen,Hailbronner,1998),也影响其出口竞争力(Bernhofen,1995)。

国内学者围绕反倾销福利效应的研究,大致上可归为三类:第一类为案例研究。宾建成(2003)对我国首例进口新闻纸反倾销措施效果进行评估,以此说明反倾销税在保护上游产业的同时可能削弱下游产业的竞争力;沈瑶等(2005)以我国聚氯乙烯反倾销案为例,讨论可能的产业关联影响;王分棉和周煊(2012)基于我国有机硅产业反倾销案,评估反倾销措施对国内产业保护的短期效果和长期影响。这类研究能够翔实地评价反倾销措施对具体产业的可能影响,但个案分析的结论是否具有普遍适用性,是案例研究的缺陷。正因如此,目前的反倾销文献更多地属于第二类,即实证分析。这类文献通常借助面板数据,考察反倾销措施在统计意义上是否表现出显著的产业救济、贸易抑制、贸易转移等多种效应(鲍晓华,2007;冯宗宪和向洪金,2010;沈国兵,2012;杨仕辉等,2012;王晓磊和沈瑶,2014;梁志鹏,2015)。这类研究对反倾销可能的各种效应进行了统计学意义上的系统评估,其研究结论较有说服力,但尚难解决如下问题:既然反倾销措施表现出多种效应,那么综合考虑,反倾销税是否应该被征收,最优税率又应当如何确定。而这恰是第三类文献即理论研究的主要研究动因,其基本思想是构建包含多个参与主体的动态博弈模型,分析基于社会福利最大化的最优税率选择问题。钟根元和王方华(2003)基于完全信息动态博弈分析反倾销税率优化模型;郝亮(2016)分析国内外厂商进入市场顺序的不同如何影响最优反倾销税税率;沈瑶等(2003)考察中间品反倾销税的适度征收问题,其研究发现:一国在征收中间品反倾销税时,若考虑下游产业利益,其税率应当比仅考虑保护中间产业时低;王珂珂和钟根元(2009)基于上下游垂直垄断的市场结构,考察反倾销税对上游产业的关联效应,并基于古诺模型推导最优反倾销税税率。

61

　　本章着重考察产业关联效应下不同市场结构反倾销税税率优化问题，属于上述第三类文献即理论研究的范畴。就市场结构对反倾销措施的可能影响而言，目前已经形成的基本共识是：对竞争性的国内产业，进口倾销将对国内产业带来可能导致其破产的重大不利影响（Wares，1977），此时反倾销措施能够部分抵消倾销所导致的市场扭曲；对垄断性的国内产业，进口倾销能够在一定程度上促进国内市场竞争，此时反倾销措施可能会导致国内产业独占市场，这将使得消费者蒙受较大的福利损失（Willig，1998）。以上定性研究的结论似乎暗示，与垄断性产业相比，对竞争性产业反倾销保护可能更有必要。但就已掌握的文献，尚未有理论模型支持这种直觉判断。早期文献关于反倾销税税率的研究，通常先验地假定国内市场结构为完全垄断，即存在唯一的国内厂商，从而国内厂商与倾销厂商进行双寡头的产量或价格竞争（Anderson et al.，1995）；考察上下游的产业关联效应时，则通常采用垂直垄断的市场结构（Spencer，Jones，1989）。国内学者的相关研究也多基于上述假设（杨仕辉和张娟，2000；沈瑶等，2003；王珂珂和钟根元，2009）。近年来，国内外学者尝试在反倾销税税率优化问题中考虑非对称成本信息（Matschke et al.，2013）、价格承诺（Wu et al.，2014）、研发竞争（谢申祥和王孝松，2013）、国内政策搭配（江东坡和朱满德，2015）等因素，但这些研究仍未突破垄断市场结构的限制。

　　可以看出，基于反倾销措施的福利效应分析，国内外学者已经作过大量研究，包括基于典型案例的个案研究、通过构建数理模型的理论分析以及运用计量经济学方法的实证分析。但是，就反倾销税税率确定问题而言，尚未有文献通过严密的数理逻辑推导，系统考察市场结构究竟会对最优反倾销税税率产生何种程度的影响。Helpman 和 Krugman（1989）的早期研究启发了本章的研究思路。本章将以市场结构为切入点，考虑产业关联效应，构建动态博弈模型，运用逆向归纳法求解最优反倾销税税率。通过比较分析，重点考察市场结构如何影响最优反倾销税税率的确定。本章余下部分的内容安排如下：第二节为模型分析,即构建包含上游产业关联的产量竞争模型;第三节为模型求解,即在两种不同的市场结构下,分别采用逆向归纳法完成动态博弈模型的求解;第四节为结果讨论,即对完全竞争和完全垄断两种市场结构下的最优反倾销税税率进行对比分析;第五节为本章主要结论。

第二节 模 型 分 析

本章主要考察上游产业关联效应,且我们并不打算讨论上游产业的市场结构,而是采用通常文献中的做法将其设定为完全垄断。一方面,这是为了将研究重点更聚焦于考察受保护产业市场结构对最优税率的可能影响;另一方面,若上游市场结构为完全竞争,则上游产业不具备决定产量或价格的能力,从而它将无法实质参与到我们所要刻画的动态博弈过程中来,也就无法真正体现出产业关联效应。

出于模型简化和研究需要的考虑,本章主要考察完全垄断和完全竞争这两种极端情形下的市场结构。需要稍作澄清的是,这里所指的受保护产业的国内市场结构,是就国外厂商出现之前所定义的。换言之,国内市场结构为完全垄断意味着,当国外厂商在国内市场上进行倾销时,两厂商进行双寡头竞争,分别选择各自的产量或价格;国内市场结构为完全竞争意味着,当国外厂商在国内市场上进行倾销时,国内厂商没有决定产量或价格的能力。虽然出于模型简化的考虑,本章只分析了两种类型的市场结构,但正如前面所言,反倾销措施的确会在这两种类型的市场上被实施,因而我们的研究结论不仅能够为市场结构对反倾销的影响提供理论分析,而且能够直接为反倾销实践提供参考价值。

根据 WTO 反倾销守则 2.1 条的规定,出口价格低于在正常贸易过程中出口国供消费的同类产品的可比价格,则构成倾销。站在进口

63

国的立场上,倾销本质上是国外厂商在本国市场上的一种低价销售行为。相应地,反倾销申请的提出和反倾销调查的启动,通常也源自倾销厂商的低价从而严重挤占了国内厂商的市场份额。因此,本章认为,在构建理论模型时,设定厂商选择价格而非产量作为其决策变量更能准确地刻画倾销行为的本质和分析反倾销措施的可能效应。因此,当国内市场结构为完全垄断时,我们不采用本质上反映产量竞争的古诺模型或斯塔科尔伯模型,而是采用价格竞争模型——伯川德模型;当国内市场结构为完全竞争时,我们认为国内厂商接受等于边际成本的价格,国外厂商相当于作为垄断厂商选择价格。在产品同质的假定下,价格竞争将导致边际成本定价(若两国厂商边际成本不同,则导致低成本厂商独占市场,高成本厂商退出市场)。为避免这一与现实并不相符的极端情形,我们将采用产品差异化的假定。

设厂商 d 为国内厂商(需要注意的是,当国内市场结构为完全竞争时,尽管此时存在若干国内厂商,但为了数学处理上的方便,我们仍用厂商 d 代表所有国内厂商,这并不影响后续分析),除上游生产要素外,边际成本为 c_d;厂商 f 为国外倾销厂商,除上游生产要素外,边际成本为 c_f。厂商 d 和厂商 f 均面临上游垄断厂商,其上游厂商的边际成本分别为 c_{du} 和 c_{fu},且要素的投入产出比是 $1:1$,即有 $q_d = q_{du}$ 和 $q_f = q_{fu}$。厂商 f 的倾销行为并非掠夺性倾销,即其出发点并非在长期消除竞争从而获得垄断利润。基于此,我们认为厂商 d 和厂商 f 及其上游厂商均追求当期利润最大化。

两国厂商生产同类但异质的最终消费品,其需求函数分别为:$q_d = a - bp_d + ep_f$,$q_f = a - bp_f + ep_d$,其中 b、$e > 0$。假设 $e < b$,直观上,商品 d 的需求量直接受商品 d 价格的影响,间接受商品 f 价格的影响,有理由相信直接影响的幅度会更大;理论上,商品 d 和商品 f 为同类产品,则当两种商品价格上升同等额度时,根据需求定律,该类商品的需求量会下降,由此商品 d 和商品 f 的需求量均会下降。因此,我们认为,$e < b$ 是一个合理的假设。

政府在进行反倾销决策时,基于公共利益原则,即综合考虑受保护产业、上游产业、消费者剩余以及税收收入四个方面。不妨设政府对各方利益平均赋权,由此政府的目标函数为 $\max(\pi_d + \pi_{du} + tq_f + CS)$。

第三节 模型求解

我们将构建三阶段动态博弈模型进行分析。其中第一阶段为政府确定反倾销税税率;第二阶段为上游厂商选择要素价格;第三阶段为厂商 d 和厂商 f 选择价格。通过逆向归纳法求解此博弈的均衡解,即最优反倾销税税率。

一、国内市场结构为完全垄断

对于国内市场结构为完全垄断时的情形,我们记此时的反倾销税税率为 t_m。

1. 下游厂商选择价格

厂商 d 和厂商 f 的利润可分别写作:

$$\pi_d = (p_d - c_d)q_d - p_{du}q_{du} = (p_d - c_d - p_{du})(a - bp_d + ep_f)$$

$$\pi_f = (p_f - c_f - t_m)q_f - p_{fu}q_{fu}$$
$$= (p_f - c_f - t_m - p_{fu})(a - bp_f + ep_d)$$

由两厂商利润最大化的一阶条件,可分别得到:

$$p_d = \frac{a + ep_f + b(c_d + p_{du})}{2b} \tag{4-1}$$

$$p_f = \frac{a + ep_d + b(c_f + p_{fu} + t_m)}{2b} \tag{4-2}$$

联立两式可得:

$$p_d = \frac{a(2b+e) + 2b^2(c_d + p_{du}) + be(c_f + p_{fu} + t_m)}{(2b-e)(2b+e)} \qquad (4-3)$$

$$p_f = \frac{a(2b+e) + 2b^2(c_f + p_{fu} + t_m) + be(c_d + p_{du})}{(2b-e)(2b+e)} \qquad (4-4)$$

将(4-3)式和(4-4)式代入需求函数可得：

$$q_d = a - bp_d + ep_f$$

$$= \frac{b[(2b+e)a + (e^2 - 2b^2)(c_d + p_{du}) + be(c_f + p_{fu} + t_m)]}{(2b-e)(2b+e)}$$

$$(4-5)$$

$$q_f = a - bp_f + ep_d$$

$$= \frac{b[(2b+e)a + be(c_d + p_{du}) + (e^2 - 2b^2)(c_f + p_{fu} + t_m)]}{(2b-e)(2b+e)}$$

$$(4-6)$$

2. 上游厂商选择价格

上游厂商的利润可分别写作：

$$\pi_{du} = (p_{du} - c_{du})q_{du} = (p_{du} - c_{du})q_d,$$

$$\pi_{fu} = (p_{fu} - c_{fu})q_{fu} = (p_{fu} - c_{fu})q_f。$$

将(4-5)式和(4-6)式代入，由利润最大化的一阶条件得：

$$p_{du} = \frac{(2b+e)a + (e^2 - 2b^2)(c_d - c_{du}) + be(c_f + p_{fu} + t_m)}{2(2b^2 - e^2)},$$

$$p_{fu} = \frac{(2b+e)a + be(c_d + p_{du}) + (e^2 - 2b^2)(c_f - c_{fu} + t_m)}{2(2b^2 - e^2)}$$

联立两式可得：

$$p_{du}^* = \frac{\begin{array}{c}(2b+e)(4b^2 + be - 2e^2)a + (9b^2e^2 - 8b^4 - 2e^4)c_d \\ + 2(2b^2 - e^2)^2 c_{du} + be(2b^2 - e^2)(c_f + c_{fu} + t_m)\end{array}}{(4b^2 + be - 2e^2)(4b^2 - be - 2e^2)}$$

$$p_{fu}^{*} = \cfrac{\begin{array}{c}(2b+e)(4b^2+be-2e^2)a+be(2b^2-e^2)(c_d+c_{du}) \\ +(9b^2e^2-8b^4-2e^4)(c_f+t_m)+2(2b^2-e^2)^2c_{fu}\end{array}}{(4b^2+be-2e^2)(4b^2-be-2e^2)}$$

在 $e<b$ 的假定下，不难判断 $p_d^*,p_f^*>0$。

将其代入(4-3)(4-4)(4-5)(4-6)各式可解得：

$$p_d^{*} = \cfrac{\begin{array}{c}(2b+e)(6b^2-2e^2)(4b^2+be-2e^2)a+b^2(2b^2-e^2)(8b^2-3e^2)\times \\ (c_d+c_{du})+2be(2b^2-e^2)(3b^2-e^2)(c_f+c_{fu}+t_m)\end{array}}{(2b-e)(2b+e)(4b^2+be-2e^2)(4b^2-be-2e^2)}$$

$$p_f^{*} = \cfrac{\begin{array}{c}(2b+e)(6b^2-2e^2)(4b^2+be-2e^2)a+2be(2b^2-e^2)(3b^2-e^2)\times \\ (c_d+c_{du})+b^2(2b^2-e^2)(8b^2-3e^2)(c_f+c_{fu}+t_m)\end{array}}{(2b-e)(2b+e)(4b^2+be-2e^2)(4b^2-be-2e^2)}$$

$$q_d^{*} = \cfrac{\begin{array}{c}b(2b^2-e^2)[(2b+e)(4b^2+be-2e^2)a+(9b^2e^2-8b^4-2e^4)\times \\ (c_d+c_{du})+be(2b^2-e^2)(c_f+c_{fu}+t_m)]\end{array}}{(2b-e)(2b+e)(4b^2+be-2e^2)(4b^2-be-2e^2)}$$

$$q_f^{*} = \cfrac{\begin{array}{c}b(2b^2-e^2)[(2b+e)(4b^2+be-2e^2)a+be(2b^2-e^2)\times \\ (c_d+c_{du})+(9b^2e^2-8b^4-2e^4)(c_f+c_{fu}+t_m)]\end{array}}{(2b-e)(2b+e)(4b^2+be-2e^2)(4b^2-be-2e^2)}$$

接下来我们考察征收反倾销税后厂商 d 和厂商 f 的价格和产量分别如何变动。

$$\frac{\partial p_d^{*}}{\partial t_m} = \frac{2be(2b^2-e^2)(3b^2-e^2)}{(2b-e)(2b+e)(4b^2+be-2e^2)(4b^2-be-2e^2)}>0$$

$$\frac{\partial p_f^{*}}{\partial t_m} = \frac{b^2(2b^2-e^2)(8b^2-3e^2)}{(4b^2+be-2e^2)(4b^2-be-2e^2)}>0$$

$$(4\text{-}7)$$

即征收反倾销税后，厂商 d 和厂商 f 的价格均会上升。

$$\frac{\partial q_d^{*}}{\partial t_m} = \frac{b^2e(2b^2-e^2)^2}{(2b-e)(2b+e)(4b^2+be-2e^2)(4b^2-be-2e^2)}>0$$

$$\frac{\partial q_f^*}{\partial t_m} = \frac{b(2b^2 - e^2)(9b^2e^2 - 8b^4 - 2e^4)}{(2b - e)(2b + e)(4b^2 + be - 2e^2)(4b^2 - be - 2e^2)} < 0$$

$$(4\text{-}8)$$

即征收反倾销税后,厂商 d 的产量上升,厂商 f 的产量下降。值得一提的是,当 $e < b$ 时,

$$9b^2e^2 - 8b^4 - 2e^4 = -8\left(b^2 - \frac{9+\sqrt{17}}{16}e^2\right)\left(b^2 - \frac{9-\sqrt{17}}{16}e\right)^2 < 0$$

此式的成立是判断 $\frac{\partial q_f^*}{\partial t_m}$ 符号的关键。

3. 政府选择税率

出于简化模型的考虑,在求解均衡税率时,我们对参数 b 和 e 之间的关系作出进一步的假定。由于 $e < b$,则不妨设 $b = 2e$。

政府的目标函数为 $\max(\pi_d + \pi_{du} + t_m q_f^* + CS)$,则分别将 π_d、π_{du}、$t_m q_f^*$、CS 的表达式代入,并由一阶条件可求得均衡税率 t_m^*。

$$\text{均衡税率 } t_m^* = \frac{29\,360a - 4\,501e(c_d + c_{du}) - 24\,859e(c_f + c_{fu})}{58\,699e}。$$

下面我们来判断所求得的最优税率是否为正。在 q_d^* 和 q_f^* 中,令 $t_m = 0$,即可得征税前的均衡产量 q_d^0 和 q_f^0。在 $b = 2e$ 的设定下,由 q_d^0,$q_f^0 > 0$ 可以推知:

$$a > \frac{47}{40}e(c_d + c_{du}) - \frac{7}{40}e(c_f + c_{fu}) \tag{4-9}$$

$$a > \frac{47}{40}e(c_f + c_{fu}) - \frac{7}{40}e(c_d + c_{du}) \tag{4-10}$$

我们可以由(4-9)式和(4-10)式判断 $t_m^* > 0$,具体证明过程参见书末附录 B。

二、国内市场结构为完全竞争

对于国内市场结构为完全竞争时的情形,我们记此时的反倾销税

税率为 t_c。

1. 下游厂商选择价格

此时(4-2)式 $p_f = \dfrac{a + ep_d + b(c_f + p_{fu} + t_c)}{2b}$ 仍然成立,但由于

厂商 d 不具备定价能力,则(4-1)式变为:

$$p_d = c_d + p_{du} \tag{4-11}$$

将其代入(4-2)式得:

$$p_f = \frac{a + e(c_d + p_{du}) + b(c_f + p_{fu} + t_c)}{2b} \tag{4-12}$$

将(4-11)式和(4-12)式代入需求函数可解得:

$$q_d = \frac{(2b+e)a + (e^2 - 2b^2)(c_d + p_{du}) + be(c_f + p_{fu} + t_c)}{2b}$$

$$q_f = \frac{a + e(c_d + p_{du}) - b(c_f + p_{fu} + t_c)}{2b}$$

2. 上游厂商选择价格

仍然根据上游厂商利润最大化的一阶条件,求解均衡价格和产量,由于具体过程与国内市场结构为完全垄断的情形类似,不再赘述,最终求得:

$$p_d^* = \frac{(4b+3e)a + 2(2b^2 - e^2)(c_d + c_{du}) + be(c_f + c_{fu} + t_c)}{8b^2 - 5e^2}$$

$$p_f^* = \frac{3(4b^2 + 2be - e^2)a + 3e(2b^2 - e^2)(c_d + c_{du}) + b(4b^2 - e^2)(c_f + c_{fu} + t_c)}{2b(8b^2 - 5e^2)}$$

$$q_d^* = \frac{(2b^2 - e^2)[(4b+3e)a + (3e^2 - 4b^2)(c_d + c_{du}) + be(c_f + c_{fu} + t_c)]}{2b(8b^2 - 5e^2)}$$

$$q_f^* = \frac{(4b^2 + 2be - e^2)a + e(2b^2 - e^2)(c_d + c_{du}) + b(3e^2 - 4b^2)(c_f + c_{fu} + t_c)}{8b^2 - 5e^2}$$

我们仍然关注征收反倾销税后厂商 d 和厂商 f 的价格和产量分别如何变动。

$$\frac{\partial p_d^*}{\partial t_c} = \frac{be}{8b^2 - 5e^2} > 0, \quad \frac{\partial p_f^*}{\partial t_c} = \frac{4b^2 - e^2}{2(8b^2 - 5e^2)} > 0,$$

即征收反倾销税后，厂商 d 和厂商 f 的价格均会上升。

$$\frac{\partial q_d^*}{\partial t_c} = \frac{e(2b^2 - e^2)}{2(8b^2 - 5e^2)} > 0, \quad \frac{\partial q_f^*}{\partial t_c} = \frac{-b(4b^2 - e^2)}{2(8b^2 - 5e^2)} < 0,$$

即征收反倾销税后，厂商 d 的产量上升，厂商 f 的产量下降。

3. 政府选择税率

同样假定 $b = 2e$，在政府的目标函数为 $\max(\pi_d + \pi_{du} + t_m q_f^* + CS)$ 时，解得：

$$t_c^* = \frac{4\,887a - 945e(c_d + c_{du}) - 3\,942e(c_f + c_{fu})}{9\,558e}$$

同样在 $b = 2e$ 的设定下，由 $q_d^0, q_f^0 > 0$ 可以推知：

$$a > \frac{13}{11}e(c_d + c_{du}) - \frac{3}{11}e(c_f + c_{fu}) \tag{4-13}$$

且

$$a > \frac{26}{19}e(c_f + c_{fu}) - \frac{7}{19}e(c_d + c_{du}) \tag{4-14}$$

我们可以由(4-13)式和(4-14)式判断均衡税率 $t_c^* > 0$，具体证明过程见书末附录 B。

第四节 结 果 讨 论

1. 贸易抑制效应和产业救济效应

先考察不同市场结构下的贸易抑制效应和产业救济效应，我们

分别用 $\dfrac{\partial q_f^*}{\partial t}$ 和 $\dfrac{\partial q_d^*}{\partial t}$ 来表征这两种效应。由前面分析可知,在完全垄断和完全竞争两种市场结构下,均有 $\dfrac{\partial q_f^*}{\partial t} < 0$ 和 $\dfrac{\partial q_d^*}{\partial t} > 0$ 成立,即反倾销税始终表现出负的贸易抑制效应和正的产业救济效应。我们进一步比较不同市场结构下,这两种效应的相对大小。这里,仍然假定 $b = 2e$:

$$\frac{\partial q_f^*}{\partial t_m} - \frac{\partial q_f^*}{\partial t_c} = -\frac{329}{720}e - \left(-\frac{13}{27}e\right) = \frac{53e}{2\,160} > 0$$

由于贸易抑制效应本身是负的,则上式表明,贸易抑制效应在完全竞争的市场结构中比在完全垄断的市场结构中更为明显。

$$\frac{\partial q_d^*}{\partial t_m} - \frac{\partial q_d^*}{\partial t_c} = \frac{49}{720}e - \frac{7}{54}e = -\frac{133e}{2\,160} < 0$$

由于产业救济效应本身是正的,则上式表明,产业救济效应在完全竞争的市场结构中比在完全垄断的市场结构中更为明显。

2. 不同市场结构下最优反倾销税税率的比较

由于 t_m^*、$t_c^* > 0$,我们可以先判断,政府基于公共利益,总应选择征收适度的反倾销税。接下来,我们进一步比较不同市场结构下最优反倾销税税率的高低。

$$t_c^* - t_m^* = \frac{6\,239\,133a - 12\,449\,997e(c_d + c_{du}) + 6\,201\,864e(c_f + c_{fu})}{561\,045\,042e}$$

如果我们仅基于(4-9)式、(4-10)式、(4-13)式和(4-14)式,尚不足以判断 $t_c^* - t_m^*$ 的符号。但在给定 a 充分大的条件下,我们可以证明 $t_c^* - t_m^* > 0$。在书末附录 B 中,我们将给出具体的证明及推导过程。

如何直观地理解上述结论呢?众所周知,反倾销税的征收在保护国内相关产业的同时,可能会对消费者的福利造成不利影响。我们认为,就完全垄断的国内市场结构而言,反倾销税对消费者福利的不利影响主要体现在两方面:一是难以再因国外厂商 f 提供低价产品而获利,二是可能面临国内厂商 d 的垄断高价。就完全竞争的国内市场结构而言,反倾销税对消费者福利的不利影响只表现为第一方面。从这个角度而言,征收较高反倾销税的负面效果,在完全垄断的国内市场中体现得更为明显。也就是说,我们可以由此推断,与完全垄断的国内市场结构相比,在完全竞争的市场结构下,最优反倾销税税率应该较高。但是,也要看到,与完全垄断的国内市场结构相比,在完全竞争的市场结构下,反倾销税的贸易抑制效应和产业救济效应都更为明显,也就是说如果要在两种情况下对产业保护达到相当的程度,则在完全竞争的市场结构下,应该采用更低的最优反倾销税税率。综合考虑,尽管基于公共利益原则,前一种效应似乎更为明显,但后一种效应的存在可能使得就一般情形尚难简单判断何种市场结构下最优反倾销税税率较高。但是,在市场容量 a 充分大的情况下,两种市场结构下贸易抑制效应和产业救济效应的差异相对而言将显得很小,以至于我们可以忽略其对最优税率的影响,并由此最终判定,在完全竞争的市场结构下,应采取更高的最优反倾销税税率。

3. 影响最优反倾销税税率的其他因素

通过观察 t_m^* 和 t_c^* 的表达式,不难发现最优反倾销税税率受国内市场容量 a,国内厂商 d 及其上游厂商的边际成本 c_d、c_{du},国外厂商 f 及其上游厂商的边际成本 c_f、c_{fu} 等因素的影响。对于不同的市场结构,均有以下基本结论成立。

结论 1:

国内市场容量对最优反倾销税税率的影响。

最优反倾销税税率与国内市场容量正相关。也就是说,本国市场容量越大,国内消费者越多,则实现社会福利最大化所需要征收的反倾销税税率越高。从"水涨船高"的角度可以方便地理解该结论:因市场容量越大,相应地,价格水平越高,各厂商产量越大,故反倾销税税率也会随之提高。

结论 2：

国内厂商及其上游厂商的边际成本对最优反倾销税税率的影响。

最优反倾销税税率与国内厂商及其上游厂商的边际成本负相关，且国内厂商和上游厂商边际成本对最优反倾销税税率的影响是完全一致的。直观上我们或许会对这一结论产生疑惑，因为国内厂商边际成本越高，从某种意义上意味着国内厂商生产技术等方面相对落后，从而竞争力较低，则政府为保护本国产业，理应采取更高的反倾销税税率。但事实上，我们必须要看到，上述分析尽管看似颇有道理，但却失之片面。这是因为如果国内厂商边际成本较高，则政府"保护落后"的行为会对国内消费者福利产生更坏的影响，也就是说，从消费者福利的角度考虑，国内厂商边际成本越高，政府恰应选择更低的反倾销税税率。因此，我们有理由相信，国内厂商边际成本对最优反倾销税税率的影响取决于政府对国内各方利益的赋权。在政府对各方利益平均赋权的情况下，我们认为对消费者福利已经赋予了相当高的权重，毕竟反倾销的初衷在于保护国内产业，由此我们可以在逻辑上接受最优反倾销税税率与国内厂商边际成本负相关的结论。需要注意的是，这里的国内厂商的边际成本，是指除去生产要素之后的那一部分，由于产业关联效应，国内厂商上游厂商的边际成本可以间接地归入国内厂商的边际成本，事实上，在国内市场结构为完全竞争时，$c_d + c_{du}$ 即为厂商 d 包括生产要素在内的全部边际成本。由此我们不难理解为什么国内上游厂商边际成本对最优反倾销税税率的影响恰与国内厂商边际成本对最优反倾销税税率的影响完全一致。

结论 3：

国外厂商及其上游厂商的边际成本对最优反倾销税税率的影响。

最优反倾销税税率与国外厂商及其上游厂商的边际成本负相关，且国外厂商和上游厂商边际成本对最优反倾销税税率的影响是完全一致的。我们认为，国外厂商边际成本较低意味着国外厂商具备较高的竞争力，会对本国产业造成更为严重的打击，因此需要采用较高的反倾销税税率。基于与前面同样的理由，可以解释为什么国外上游厂商边际成本对最优反倾销税税率的影响恰与国外厂商边际成本对最优反倾销税税率的影响完全一致。

第五节　本章主要结论

本章以市场结构为切入点,考虑产业关联效应,构建动态博弈模型,运用逆向归纳法求解最优反倾销税税率。通过比较分析,重点考察市场结构如何影响最优反倾销税税率的确定。同时,本章将一并分析影响最优反倾销税税率的其他重要因素。主要结论如下:

(1) 在不同的市场结构下,反倾销税总体现出负的贸易抑制效应和正的产业救济效应。与完全垄断的国内市场结构相比,在完全竞争的国内市场结构下,贸易抑制效应和产业救济效应均更为明显。

(2) 在不同的市场结构下,基于公共利益的政府总会选择征收适当的反倾销税。当市场容量充分大时,与完全垄断的国内市场结构相比,在完全竞争的国内市场结构下,最优反倾销税税率较高。

(3) 最优反倾销税税率还取决于国内市场容量、国内厂商及其上游厂商的边际成本、国外厂商及其上游厂商的边际成本等因素。在政府对各方利益平均赋权的前提下,最优反倾销税税率与国内市场容量正相关,与国内厂商及其上游厂商的边际成本负相关,与国外厂商及其上游厂商的边际成本负相关。

基于上述结论,政府在实施反倾销措施时,应针对不同的相关产业市场结构,灵活选择能够真正符合公共利益的最优反倾销税税率,同时也应注意市场容量、国内外厂商及其上游厂商边际成本等因素的重要影响。

第五章　厂商决策顺序、贸易转移效应与最优反倾销税

第一节　问题提出

2020年11月15日,第四次区域全面经济伙伴关系协定(RCEP)领导人会议以视频方式举行,会后东盟10国和中国、日本、韩国、澳大利亚、新西兰共15个亚太国家正式签署了《区域全面经济伙伴关系协定》(Regional Comprehensive Economic Partnership,简称"RCEP")。由东盟发起,历时8年的RCEP的签署,标志着世界上人口最多、经贸规模最大、最具发展潜力的自由贸易区正式启航。

2022年1月1日起,RCEP对文莱、柬埔寨、老挝、新加坡、泰国、越南、中国、日本、澳大利亚和新西兰等10国正式生效,2月1日起对韩国正式生效,3月18日起对马来西亚正式生效,5月1日起对缅甸正式生效。目前,RCEP的15个签署成员国中生效成员数量已达13个。RCEP的生效实施,充分体现了各方共同维护多边主义和自由贸易、促进区域经济一体化的信心和决心,将为区域乃至全球贸易投资增长、经济复苏和繁荣发展作出重要贡献。

区域贸易协定本质上是一种关税同盟(customs union,简称"CU")。它是指在自由贸易区的基础上,两个或两个以上成员方通过签署协议,彼此之间减免关税,并对非成员方实行统一的进口关税或其他贸易政策措施的一种区域经济一体化组织。它与自由贸易区的不同之处在于成员方在相互取消进口关税的同时,设立共同对外关

税,成员经济体之间的商品流动无须再附加原产地证明。关税同盟把区域经济一体化的进程又向前推进了一步。在逆全球化思想浪潮涌现的背景下,出现了区域贸易协定取代自由贸易的新趋势。

区域贸易协定中所呈现出的歧视性关税同反倾销税如出一辙,会产生在征收普通关税时不会出现的贸易转移效应,从而很大程度上影响最优贸易政策选择。本章我们将以贸易转移效应下反倾销税的征收作为理论模型,其结论可以复制推广到对区域贸易协定中的非成员国征收关税的情形。

在一般的关税模型中,征收关税对于国外厂商和国内厂商的影响是"此消彼长"的关系;但在反倾销税模型中,征收反倾销税尽管可以有效缓解倾销厂商对国内厂商的竞争压力,但却会由于贸易转移效应,使得同为国内厂商竞争对手的其他国外厂商获利。换言之,在这样的"三足鼎立"关系中,削弱一方将会使处于竞争关系的另外两方同时获利。当然,尽管从产业保护的角度来说,贸易转移效应可能是我们不希望看到的,但是从公共利益的角度考虑,维持一种竞争的氛围或许是更为有利的。至少我们业已发现,贸易转移效应使得反倾销税税率的确定比普通关税更为复杂;我们亦想进一步了解,贸易转移效应的存在究竟会对最优反倾销税的符号和大小有何种程度的影响。因此,本章以反倾销税为例,研究当存在贸易转移效应时,相应的最优贸易政策选择问题,其研究结论能够复制推广到区域贸易协定下对非成员国征税时的情形。

然而,需要注意的是,贸易转移效应的强弱通常并不是外生给定的,而是取决于一系列其他因素。特别地,在模型设定上,我们认为,国内厂商、倾销厂商、其他国外厂商三者的决策顺序可能会产生不同程度的贸易转移效应。从实践角度看,厂商决策顺序由它们进入市场的先后时序决定(谢申祥等,2016),先进入市场的厂商能够获得优先决策的主动权。因此,厂商决策顺序也能够较好地刻画不同厂商进入市场的先后时序问题。基于上述原因,本章将厂商决策顺序纳入研究范围,从而在差异情境下系统考察贸易转移效应的强弱如何影响最优反倾销税的符号及其税率高低。

尽管国内外研究反倾销措施产业救济效果与贸易效应的文献非常丰富，但正如向洪金、詹政和赖明勇（2011）所言，绝大多数已有文献都是利用计量方法的实证研究，相应的理论分析则相对鲜见。围绕最优反倾销税展开的理论研究，基本的思想是借助博弈论方法，构建两阶段动态博弈模型进行分析（Simon，Nicolas，Jacques-Francois，1995）：第一阶段为政府决定是否征收反倾销税及相应的税率水平，第二阶段为各厂商选择产量或者价格，可通过逆向归纳法求得此动态博弈的均衡解。

在第一阶段的政府决策中，政府的目标函数至关重要。基于公共利益原则，通常在求解最优反倾销税税率的基础模型中，一般令政府目标函数包括国内产业利润、消费者剩余和税收收入三个方面。在第二阶段的厂商博弈中，出于简化模型的考虑，现有文献通常考察国内厂商和国外厂商的双寡头情形。Simon、Nicolas 和 Jacques-Francois（1995）根据古诺和伯川德模型研究反倾销政策的福利效应；王婷婷和钟根元（2008）基于斯塔克尔伯格模型研究最优反倾销税税率；Matschke、Xenia 和 Anja Schöttner（2013）考察成本信息非对称下最优反倾销税的决定问题；Shih-Jye Wu 等（2014）讨论国外厂商在反倾销税和价格承诺之间的可能选择，并据此提供最优反倾销税的优化路径。顾承宗和钟根元（2009）考虑了先后进入国内市场的两个国外厂商，但他们的模型基于同时对两个国外厂商征收反倾销税，从而其研究本身并未涉及可能的贸易转移效应；冯宗宪和向洪金（2010）在理论模型中考察了反倾销税的贸易转移效应，但其简化模型并未将国内产业一并纳入讨论范围，且其研究侧重于论证贸易转移效应的存在性从而为后面的实证检验提供理论依据，并未涉及最优反倾销税的决定问题。就已掌握的文献，尽管反倾销的贸易转移效应已经被诸多学者在实证研究中验证（Prusa，1996；Krupp，Pollard，1996；Lasagni，2000；鲍晓华，2007；冯宗宪和向洪金，2010；杨仕辉、邓莹莹和谢雨池，2011；沈国兵，2012；王晓磊和沈瑶，2014；梁志鹏，2015），但在构建理论模型研究最优反倾销税的决定问题时,鲜有文献涉及反倾销的贸易转移效应。

　　现有文献表明,最优反倾销税税率受政府目标函数(沈瑶等,2003)、国内消费者需求弹性(钟根元和王方华,2003)、市场容量及国内外厂商边际成本(王婷婷和钟根元,2008;王珂珂和钟根元,2009)、最终产品是否为本国消费(沈瑶等,2003)等因素影响。但正如前面所言,现有研究多基于两厂商模型,偶有涉及三厂商模型,也并未系统考察可能的贸易转移效应。我们认为,一方面,由歧视性带来的贸易转移效应,是反倾销税有别于普通关税的本质特征,应当在构建理论模型时有所体现;另一方面,贸易转移效应的存在确有可能对最优反倾销税的符号及大小产生深远影响。尽管已有大量的实证研究考察反倾销税的贸易转移效应,但这些实证分析的结论尚难以回答:基于这样的贸易转移效应,应如何适度征收反倾销税从而更好地实现公共利益?基于此,本章在理论模型中引入贸易转移效应,并基于国内厂商、倾销厂商和其他国外厂商三者之间决策顺序的不同,翔实考察差异情境下贸易转移效应如何影响最优反倾销税的确定,力求填补国内相关研究的理论空白,尝试为反倾销决策提供理论依据和借鉴意义。

　　本章余下部分的内容安排如下:第二节为基本模型分析,即根据各厂商决策顺序的不同构建动态博弈模型,求解不同情境下的最优反倾销税;第三节为结果讨论,即比较分析各种情境下贸易转移效应如何影响最优反倾销税的符号及大小,并阐释其经济学含义;第四节为拓展模型分析,即采用价格竞争模型,验证前面结论的稳健性;第五节为本章主要结论。

第二节　基本模型分析

　　设本国市场上有三个厂商,分别为倾销厂商 a、国内厂商 d,以及

其他国外厂商 f。它们销售同质产品,其反需求函数为 $p = a - q = a - (q_a + q_d + q_f)$,其中 q_a、q_d、q_f 分别为厂商 a、d、f 的产量。三厂商均具有不变的边际成本,分别记为 c_a、c_d、c_f;三厂商的(准)固定成本均为零。

本国政府和三个厂商进行两阶段完全信息的动态博弈。

第一阶段,以社会福利最大化为目标的本国政府,选择对倾销厂商 a 征收从量的反倾销税 t。这里需要略作补充说明的是,早期曾有文献认为反倾销税的大小完全由倾销幅度决定,因此反倾销税本质上是内生决定的(Feenstra,2004)。但事实上,反倾销税可以等于或者低于倾销幅度。由于反倾销税体现了在国内厂商和国内消费者之间的利益权衡,故从社会福利最大化的角度出发,完全可能采用低于倾销幅度的反倾销税。从理论上讲,只要反倾销税低于倾销幅度,就被征税厂商而言,反倾销税与普通进口关税并无本质区别;就实践来看,几乎总能找到价格低于正常价值的证据,且对倾销幅度的认定并没有严格统一的客观标准,倾销行为并不是反倾销措施的必要前提(Stigliz,1997)。就两厂商模型,大量文献在构建理论模型时将反倾销税等同或近似于普通关税(沈瑶等,2003;钟根元和王方华,2003;王珂珂和钟根元,2009;冯宗宪和向洪金,2010;Matschke,Schöttner,2013;Wu et al.,2014)。本章认为,实践中倾销幅度对反倾销税通常并不能够形成真正意义上的紧约束,反倾销税与普通关税最重要的区别体现在它的歧视性上。具体到本章的三厂商模型中,这一区别体现在:在普通关税模型中,因同时对两个国外厂商征收关税,故两个国外厂商都将面临边际成本增加的不利影响;反倾销税模型中,因仅对倾销厂商征收反倾销税,故倾销厂商因边际成本增加而受损,其他国外厂商则不受影响(当然它会因倾销厂商边际成本增加从而获得间接意义上的收益)。

第二阶段,三厂商在观察到 t 后,进行产量竞争以实现利润最大化。在第二阶段,三厂商的产量竞争又因决策顺序的不同划分为多种情境。具体地,我们将其分为四类共计 13 种情境:第一类,三厂商同时决策;第二类,两厂商先同时决策,另一厂商后决策;第三类,某厂商先决策,另两厂商后同时决策;第四类,三厂商依次决策。需要强调的是,本章穷举三厂商决策顺序的 13 种可能,绝非为了进行数学公式演绎的智力游戏,而是确有其理论层面和现实层面的研究需要。就理论层面而言,一方面,我们希望了解,贸易转移效应对最优反倾销税的影响,在差异情境中是否体现出一定的稳健性;另一方面,我们更希望探求由厂商决策顺序不同所带来的贸易转移效应的强弱,究竟如何影响最优反倾销税的高低。就现实层面而言,各厂商因市场地位的不同会在寡头竞争模式下扮演领导者或追随者的角色,故考察差异化情境能够更好地为现实中厂商的竞争模式寻求对应。

上述设定沿袭 Brander 和 Spencer(1984),Simon、Nicolas 和 Jacques-Francois(1995)的基本框架。但与他们以及后续其他文献不同的是:本章将其采用的两厂商模型扩展到三厂商模型并分析厂商决策顺序的可能影响。由两厂商模型到三厂商模型,对反倾销税税率的理论研究有非常重要的意义。这是因为,在两厂商的税率决定模型中,由于仅存在倾销厂商与国内厂商,故无法考察反倾销税的贸易转移效应。一方面,反倾销税的贸易转移效应已经被许多学者在实证研究中得到验证;另一方面,这样的贸易转移效应恰可能影响最优反倾销税税率的大小甚至是符号。因此,本章的模型设定能够更好地从理论上探讨贸易转移效应如何影响最优反倾销税的确定,也能在现实层面为贸易政策实践提供更有针对性的理论支撑。事实上,本章也的确发现了与两厂商模型迥异的研究结论。

接下来,我们将分别考察这些基于厂商决策顺序的差异情境。假定所有上述信息为共同知识。完全信息动态博弈一般采用逆向归纳法求解。

一、第一类为三厂商同时决策

此即三厂商进行古诺竞争,我们将其记作 $\delta_a = \delta_d = \delta_f$。

三厂商的利润函数分别为：

$$\pi_a = pq_a - c_a q_a - tq_a = (a - q_a - q_d - q_f - c_a - t)q_a$$

$$\pi_d = pq_d - c_d q_d = (a - q_a - q_d - q_f - c_d)q_d$$

$$\pi_f = pq_f - c_f q_f = (a - q_a - q_d - q_f - c_f)q_f$$

由一阶条件，分别令 $\dfrac{\partial \pi_a}{\partial q_a} = 0$，$\dfrac{\partial \pi_d}{\partial q_d} = 0$，$\dfrac{\partial \pi_f}{\partial q_f} = 0$ 可得：

$$q_a = \frac{a - q_d - q_f - c_a - t}{2}, \quad q_d = \frac{a - q_a - q_f - c_d}{2},$$

$$q_f = \frac{a - q_a - q_d - c_f}{2}$$

又 $\dfrac{\partial^2 \pi_a}{\partial q_a^2} < 0$，$\dfrac{\partial^2 \pi_d}{\partial q_d^2} < 0$，$\dfrac{\partial^2 \pi_f}{\partial q_f^2} < 0$，则满足二阶条件。

联立三式即可得三厂商的均衡产量：

$$q_a = \frac{a - 3c_a + c_d + c_f - 3t}{4}, \quad q_d = \frac{a + c_a - 3c_d + c_f + t}{4},$$

$$q_f = \frac{a + c_a + c_d - 3c_f + t}{4}$$

进一步地，可以得到：

$$q = q_a + q_d + q_f = \frac{3a - c_a - c_d - c_f - t}{4},$$

$$p = a - q = \frac{a + c_a + c_d + c_f + t}{4}$$

接下来，我们考察政府选择最优反倾销税税率，其目标函数为：

$$\max W = \max(\pi_d + tq_a + CS)$$

其中，国内厂商利润

$$\pi_d = (p - c_d)q_d = \frac{(a + c_a - 3c_d + c_f + t)^2}{16}$$

税收收入

$$tq_a = \frac{(a - 3c_a + c_d + c_f)t - 3t^2}{4}$$

消费者剩余

$$CS = \frac{q^2}{2} = \frac{(3a - c_a - c_d - c_f - t)^2}{32}$$

由一阶条件，令 $\frac{\partial W}{\partial t} = 0$，可求得最优反倾销税税率：

$$t(\delta_a = \delta_d = \delta_f) = \frac{3a - 9c_a - c_d + 7c_f}{21}$$

又 $\frac{\partial^2 W}{\partial t^2} = -\frac{21}{16} < 0$，则满足二阶条件。

我们将主要信息汇总如表 5-1 所示。

表 5-1　三厂商产量及最优反倾销税税率（第一类）

决策顺序	倾销厂商产量 (q_a)	国内厂商产量 (q_d)	其他国外厂商产量 (q_f)	最优反倾销税税率 (t)
$\delta_a = \delta_d = \delta_f$	$\dfrac{a - 3c_a + c_d + c_f - 3t}{4}$	$\dfrac{a + c_a - 3c_d + c_f + t}{4}$	$\dfrac{a + c_a + c_d - 3c_f + t}{4}$	$\dfrac{3a - 9c_a - c_d + 7c_f}{21}$

二、第二类为两厂商先同时决策，另一厂商后决策

我们以 $\delta_a = \delta_d > \delta_f$ 为例对其推导过程进行简要说明，该情形即厂商 a 和厂商 d 先同时选择产量 q_a 和 q_d，然后厂商 f 观测到 q_a 和 q_d，继而选择产量 q_f。

先计算 q_f 对 q_a 和 q_d 的反应函数。由厂商 f 利润最大化的一阶条件可得：

$$q_f = \frac{a - q_a - q_d - c_f}{2}$$

将其分别代入厂商 a 和厂商 d 的利润函数得：

$$\pi_a = \frac{(a - q_a - q_d - 2c_a + c_f - 2t)q_a}{2},$$

$$\pi_d = \frac{(a - q_a - q_d - 2c_d + c_f)q_d}{2}$$

分别令 $\dfrac{\partial \pi_a}{\partial q_a} = 0$，$\dfrac{\partial \pi_d}{\partial q_d} = 0$，联立二式可解得：

$$q_a = \frac{a - 4c_a + 2c_d + c_f - 4t}{3},$$

$$q_d = \frac{a + 2c_a - 4c_d + c_f + 2t}{3}$$

将其代入 q_f 的反应函数可得：

$$q_f = \frac{a + 2c_a + 2c_d - 5c_f + 2t}{6}$$

接下来政府决策的求解过程与第一类情境相同，不再赘述。后面将要讨论的第三类和第四类情境，我们也将略去求解政府决策问题的具体过程，仅列出所求得的最优反倾销税税率，当然所有的二阶条件都已经过验证，特此说明。

此时的最优反倾销税税率为：

$$t(\delta_a = \delta_d > \delta_f) = \frac{5a - 14c_a - 2c_d + 11c_f}{38}$$

用同样的步骤，可以求得此类其他情形的最优反倾销税税率，主要信息汇总见表5-2。

表 5-2 三厂商产量及最优反倾销税税率(第二类)

决策顺序	倾销厂商产量 (q_a)	国内厂商产量 (q_d)	其他国外厂商产量 (q_f)	最优反倾销税税率 (t)
$\delta_a = \delta_d > \delta_f$	$\dfrac{a - 4c_a + 2c_d + c_f - 4t}{3}$	$\dfrac{a + 2c_a - 4c_d + c_f + 2t}{3}$	$\dfrac{a + 2c_a + 2c_d - 5c_f + 2t}{6}$	$\dfrac{5a - 14c_a - 2c_d + 11c_f}{38}$
$\delta_a = \delta_f > \delta_d$	$\dfrac{a - 4c_a + c_d + 2c_f - 4t}{3}$	$\dfrac{a + 2c_a - 5c_d + 2c_f + 2t}{6}$	$\dfrac{a + 2c_a + c_d - 4c_f + 2t}{3}$	$\dfrac{a - 6c_a - c_d + 6c_f}{14}$
$\delta_d = \delta_f > \delta_a$	$\dfrac{a - 5c_a + 2c_d + 2c_f - 5t}{6}$	$\dfrac{a + c_a - 4c_d + 2c_f + t}{3}$	$\dfrac{a + c_a + 2c_d - 4c_f + t}{3}$	$\dfrac{5a - 25c_a - 2c_d + 22c_f}{55}$

三、第三类为某厂商先决策,另两厂商后同时决策

我们以 $\delta_a > \delta_d = \delta_f$ 为例对其推导过程进行简要说明,该情形即厂商 a 先选择产量 q_a,然后厂商 d 和厂商 f 观测到 q_a 并同时选择产量 q_d 和 q_f。

先计算 q_d 和 q_f 对 q_a 的反应函数。由厂商 d 和厂商 f 利润最大化的一阶条件可得:

$$q_d = \frac{a - q_a - q_f - c_d}{2}, \quad q_f = \frac{a - q_a - q_d - c_f}{2}$$

联立二式得:

$$q_d = \frac{a - q_a - 2c_d + c_f}{3}, \quad q_f = \frac{a - q_a + c_d - 2c_f}{3}$$

将其代入厂商 a 的利润函数可得:

$$\pi_a = \frac{(a - q_a - 3c_a + c_d + c_f - 3t)q_a}{3}$$

令 $\dfrac{\partial \pi_a}{\partial q_a} = 0$,可解得:

$$q_a = \frac{a - 3c_a + c_d + c_f - 3t}{3}$$

将其代入 q_d 和 q_f 的反应函数可得:

$$q_d = \frac{a + 3c_a - 5c_d + c_f + 3t}{6}, \quad q_f = \frac{a + 3c_a + c_d - 5c_f + 3t}{6}$$

此时的最优反倾销税税率为:

$$t(\delta_a > \delta_d = \delta_f) = \frac{a - 3c_a - c_d + 3c_f}{9}$$

用同样的步骤,可以求得此类其他情形的最优反倾销税税率,主要信息汇总见表5-3。

表5-3　三厂商产量及最优反倾销税税率(第三类)

决策顺序	倾销厂商产量 (q_a)	国内厂商产量 (q_d)	其他国外厂商产量 (q_f)	最优反倾销税税率 (t)
$\delta_a > \delta_d = \delta_f$	$\dfrac{a - 3c_a + c_d + c_f - 3t}{2}$	$\dfrac{a + 3c_a - 5c_d + c_f + 3t}{6}$	$\dfrac{a + 3c_a + c_d - 5c_f + 3t}{6}$	$\dfrac{a - 3c_a - c_d + 3c_f}{9}$
$\delta_d > \delta_a = \delta_f$	$\dfrac{a - 5c_a + 3c_d + c_f - 5t}{6}$	$\dfrac{a + c_a - 3c_d + c_f + t}{2}$	$\dfrac{a + c_a + 3c_d - 5c_f + t}{6}$	$\dfrac{7a - 23c_a + 3c_d + 13c_f}{53}$
$\delta_f > \delta_a = \delta_d$	$\dfrac{a - 5c_a + c_d + 3c_f - 5t}{6}$	$\dfrac{a + c_a - 5c_d + 3c_f + t}{6}$	$\dfrac{a + c_a + c_d - 3c_f + t}{2}$	$\dfrac{a - 9c_a - c_d + 9c_f}{19}$

四、第四类为三厂商依次决策

我们以 $\delta_d > \delta_a > \delta_f$ 为例对其推导过程进行简要说明,该情形即厂商 d 先选择产量 q_d,然后厂商 a 观测到 q_d 继而选择产量 q_a,最后厂商 f 观测到 q_d、q_a 并选择产量 q_f。

先计算 q_f 对 q_d 和 q_a 的反应函数。此时由厂商 f 利润最大化的一阶条件可得:

$$q_f = \frac{a - q_a - q_d - c_f}{2}$$

将其代入厂商 a 的利润函数可得:

$$\pi_a = \frac{(a - q_a - q_d - 2c_a + c_f - 2t)q_a}{2}$$

令 $\dfrac{\partial \pi_a}{\partial q_a} = 0$，可解得：

$$q_a = \frac{a - q_d - 2c_a + c_f - 2t}{2}$$

此即为 q_a 对 q_d 的反应函数。将 q_a 和 q_f 的反应函数代入厂商 d 的利润函数可得：

$$\pi_d = \frac{(a - q_d + 2c_a - 4c_d + c_f + 2t)q_d}{4}$$

令 $\dfrac{\partial \pi_d}{\partial q_d} = 0$，可解得：

$$q_d = \frac{a + 2c_a - 4c_d + c_f + 2t}{2}$$

代入 q_a 的反应函数可得：

$$q_a = \frac{a - 6c_a + 4c_d + c_f - 6t}{4}$$

代入 q_f 的反应函数可得：

$$q_f = \frac{a + 2c_a + 4c_d - 7c_f + 2t}{8}$$

此时的最优反倾销税税率为：

$$t(\delta_d > \delta_a > \delta_f) = \frac{9a - 30c_a + 4c_d + 17c_f}{78}$$

用同样的步骤，可以求得此类其他情形的最优反倾销税税率，主要信息汇总见表 5-4。

表 5-4　三厂商产量及最优反倾销税税率

决策顺序	倾销厂商产量 (q_a)	国内厂商产量 (q_d)	其他国外厂商产量 (q_f)	最优反倾销税税率 (t)
$\delta_d > \delta_a > \delta_f$	$\dfrac{a-6c_a+4c_d+c_f-6t}{4}$	$\dfrac{a+2c_a-4c_d+c_f+2t}{2}$	$\dfrac{a+2c_a+4c_d-7c_f+2t}{8}$	$\dfrac{9a-30c_a+4c_d+17c_f}{78}$
$\delta_a > \delta_d > \delta_f$	$\dfrac{a-4c_a+2c_d+c_f-4t}{2}$	$\dfrac{a+4c_a-6c_d+c_f+4t}{4}$	$\dfrac{a+4c_a+2c_d-7c_f+4t}{8}$	$\dfrac{5a-12c_a-6c_d+13c_f}{44}$
$\delta_a > \delta_f > \delta_d$	$\dfrac{a-4c_a+c_d+2c_f-4t}{2}$	$\dfrac{a+4c_a-7c_d+2c_f+4t}{8}$	$\dfrac{a+4c_a+c_d-6c_f+4t}{4}$	$\dfrac{3a-20c_a-5c_d+22c_f}{52}$
$\delta_f > \delta_a > \delta_d$	$\dfrac{a-6c_a+c_d+4c_f-6t}{4}$	$\dfrac{a+2c_a-7c_d+4c_f+2t}{8}$	$\dfrac{a+2c_a+c_d-4c_f+2t}{2}$	$\dfrac{3a-42c_a-5c_d+44c_f}{90}$
$\delta_f > \delta_d > \delta_a$	$\dfrac{a-7c_a+2c_d+4c_f-7t}{8}$	$\dfrac{a+c_a-6c_d+4c_f+t}{4}$	$\dfrac{a+c_a+2c_d-4c_f+t}{2}$	$\dfrac{5a-51c_a-6c_d+52c_f}{107}$
$\delta_d > \delta_f > \delta_a$	$\dfrac{a-7c_a+4c_d+2c_f-7t}{8}$	$\dfrac{a+c_a-4c_d+2c_f+t}{2}$	$\dfrac{a+c_a+4c_d-6c_f+t}{4}$	$\dfrac{9a-47c_a+4c_d+34c_f}{103}$

第三节　结　果　讨　论

一、产业救济效应、贸易破坏效应和贸易转移效应

从直观上讲，反倾销税的征收可以保护本国产业，抑制倾销厂商在本国市场上的倾销行为，即反倾销税对国内厂商和倾销厂商分别具有正的产业救济效应和负的贸易破坏效应。与此同时，其他国外厂商也将从反倾销税的征收中获益，即表现出正的贸易转移效应。用 $\partial q_d / \partial t$ 表征产业救济效应，$\partial q_a / \partial t$ 表征贸易破坏效应，$\partial q_f / \partial t$ 表征贸易转移效应，将差异情境的结果汇总如表 5-5 所示。可以发现，表 5-5 验证了我们的上述直觉。

表 5-5　产业救济效应、贸易破坏效应与贸易转移效应一览表

决策顺序	产业救济效应 $(\partial q_d/\partial t)$	贸易破坏效应 $(\partial q_a/\partial t)$	贸易转移效应 $(\partial q_f/\partial t)$
$\delta_a = \delta_d = \delta_f$	1/4	$-3/4$	1/4
$\delta_a = \delta_d > \delta_f$	2/3	$-4/3$	1/3
$\delta_a = \delta_f > \delta_d$	1/3	$-4/3$	2/3
$\delta_d = \delta_f > \delta_a$	1/3	$-5/6$	1/3
$\delta_a > \delta_d = \delta_f$	1/2	$-3/2$	1/2
$\delta_d > \delta_a = \delta_f$	1/2	$-5/6$	1/6
$\delta_f > \delta_a = \delta_d$	1/6	$-5/6$	1/2
$\delta_d > \delta_a > \delta_f$	1	$-3/2$	1/4
$\delta_a > \delta_d > \delta_f$	1	-2	1/2
$\delta_a > \delta_f > \delta_d$	1/2	-2	1
$\delta_f > \delta_a > \delta_d$	1/4	$-3/2$	1
$\delta_f > \delta_d > \delta_a$	1/4	$-7/8$	1/2
$\delta_d > \delta_f > \delta_a$	1/2	$-7/8$	1/4

根据表 5-5，我们有如下结论：

命题 1：

在三厂商模型中，反倾销税的征收始终表现出正的产业救济效应、负的贸易破坏效应和正的贸易转移效应。

二、最优反倾销税的符号

在比较分析不同情境下最优反倾销税税率的差异之前，我们必须先判断所求得的最优反倾销税税率是否大于零。这是因为，如果最优反倾销税税率小于零，实际上意味着政府不应当征收反倾销税。换言之，基于公共利益原则，此时采取反倾销措施将不是最优选择。

就三厂商模型的任一情境，我们必须保证在初始状态（即尚未征收反倾销税前）下，三厂商的产量水平严格为正。若不然，则至少有一厂商将退出市场，从而三厂商模型将蜕化为两厂商甚至单厂商模型，这不是我们想要研究的情形。因此，就每一情境，应有：

$$\bar{q}_a=q_a(t=0)>0,\ \bar{q}_d=q_d(t=0)>0,\ \bar{q}_f=q_f(t=0)>0$$

据表5-1至表5-4,我们发现,每一情境下 $\bar{q}_a$、$\bar{q}_d$、$\bar{q}_f$ 和最优反倾销税税率 t 的表达式均可写作 $ka+lc_a+mc_d+nc_f$ 的形式,其中 $k>0$,且 $k+l+m+n=0$。据此,可以将 t 写作 $\bar{q}_a$、$\bar{q}_d$、$\bar{q}_f$ 的函数,具体地,$t=\alpha\bar{q}_a+\beta\bar{q}_d+\gamma\bar{q}_f$。由待定系数法,可求得 α、β、γ 并据此判断 t 的符号。若 $\alpha,\beta,\gamma\geqslant0$ 且 $\alpha+\beta+\gamma>0$ 时,则可断定 $t>0$;反之,则无法简单断言最优反倾销税税率 t 的符号。下面我们以 $\delta_a=\delta_d=\delta_f$ 为例进行说明,并以表格形式写出每一情境下 α、β、γ 的数值。

此时,未征收反倾销税前三厂商的产量水平分别为:

$$\bar{q}_a=\frac{a-3c_a+c_d+c_f}{4} \tag{5-1}$$

$$\bar{q}_d=\frac{a+c_a-3c_d+c_f}{4} \tag{5-2}$$

$$\bar{q}_f=\frac{a+c_a+c_d-3c_f}{4} \tag{5-3}$$

将最优反倾销税税率的表达式

$$t(\delta_a=\delta_d=\delta_f)=\frac{3a-9c_a-c_d+7c_f}{21}$$

稍加整理,可得:

$$t=\frac{1}{21}\big[3(a-3c_a+c_d+c_f)+(a+c_a-3c_d+c_f)$$
$$-(a+c_a+c_d-3c_f)\big] \tag{5-4}$$

将(5-1)式至(5-3)式代入(5-4)式得:

$$t=\frac{1}{21}(12\bar{q}_a+4\bar{q}_d-4\bar{q}_f) \tag{5-5}$$

(5-5)式即对应 $\alpha=12$, $\beta=4$, $\gamma=-4$,这是判断最优反倾销税税

89

率 t 的符号的依据。

通过表 5-6,我们发现,就每一情境,始终有 $\alpha>0,\beta>0,\gamma<0$。据此,我们尚难断言最优反倾销税税率 t 的符号。这是因为,若 $\bar{q}_f$ 相对于 $\bar{q}_a+\bar{q}_d$ 较小,则有 $t>0$;反之,若 $\bar{q}_f$ 相对于 $\bar{q}_a+\bar{q}_d$ 较大,则有 $t<0$。这充分体现了贸易转移效应对反倾销税适度征收问题的重要影响,因为在不考虑贸易转移效应的两厂商模型中,无论厂商决策顺序如何,总可以判断最优反倾销税严格为正(参见本书第二章的相关结论)。不过,我们仍想了解,满足何等条件时,最优反倾销税的符号严格为正,即我们希望得到征收反倾销税的充分条件。仔细观察表 5-6,我们发现始终有 $|\gamma|\leqslant\alpha,|\gamma|\leqslant\beta$ 成立,这意味着,若 $\bar{q}_f\leqslant\max\{\bar{q}_a,\bar{q}_d\}$,则必有 $t>0$。

表 5-6　最优反倾销税税率符号判断依据一览表

决策顺序	α	β	γ
$\delta_a=\delta_d=\delta_f$	12	4	-4
$\delta_a=\delta_d>\delta_f$	12	6	-6
$\delta_a=\delta_f>\delta_d$	4	2	-2
$\delta_d=\delta_f>\delta_a$	30	6	-6
$\delta_a>\delta_d=\delta_f$	2	2	-2
$\delta_d>\delta_a=\delta_f$	30	6	-6
$\delta_f>\delta_a=\delta_d$	10	2	-2
$\delta_d>\delta_a>\delta_f$	8	24	-8
$\delta_a>\delta_d>\delta_f$	8	8	-8
$\delta_a>\delta_f>\delta_d$	8	8	-8
$\delta_f>\delta_a>\delta_d$	24	8	-8
$\delta_f>\delta_d>\delta_a$	56	8	-8
$\delta_d>\delta_f>\delta_a$	8	56	-8

此外,若三厂商拥有对称的边际成本,即 $c_a=c_d=c_f=c$,则模型的

先验假设可写作 $a-c>0$，表5-1至表5-4中每一情境下最优反倾销税率 t 的表达式均可写作 $t=\lambda(a-c)$，$\lambda>0$。由此可见，此时必有 $t>0$。

据此，我们有如下结论：

命题2：

在考虑贸易转移效应的三厂商模型中，基于社会福利最大化的最优反倾销税，其符号难以判断。但若以下条件其中之一成立，则最优反倾销税的符号严格为正：

(1) 成本条件：$c_a=c_d=c_f=c$，即三厂商拥有对称的边际成本。

(2) 产量条件：$\bar{q}_f\leqslant\max\{\bar{q}_a,\bar{q}_d\}$，即征税前其他国外厂商的产量水平低于国内厂商或倾销厂商。

三、贸易转移效应对最优反倾销税的影响

就严格为正的最优反倾销税，我们希望进一步了解，最优反倾销税税率的高低是否同贸易转移效应的强弱密切相关。根据表5-1至表5-5的相关信息，就对称边际成本的情形，令 $a-c=1$，我们将所有四类13种情境下的贸易转移效应最优反倾销税绘制成图5-1，其中最优反倾销税按从低到高的顺序排列。

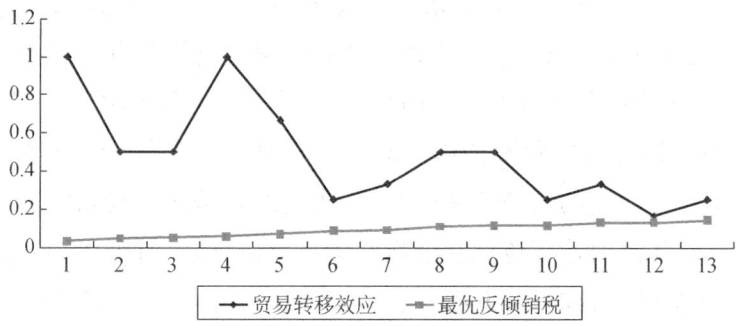

图 5-1　贸易转移效应与最优反倾销税

由图5-1可以直观地看出，随着最优反倾销税的增大，贸易转移效应的变化并不规律。这表明，贸易转移效应的强弱并不必然导致最优反倾销税的高低。由此，我们有如下结论成立：

命题 3：

在考虑贸易转移效应的三厂商模型中，基于不同的厂商决策顺序，贸易转移效应与最优反倾销税，从数值大小上并不存在简单的正向或反向关系。换言之，较强的贸易转移效应并不必然导致较高或较低的最优反倾销税。

四、厂商决策顺序对最优反倾销税的影响

本节我们将考察厂商决策顺序如何影响最优反倾销税的高低。因这种比较仅在最优反倾销税严格为正时才有意义，故本节的讨论将在对称边际成本的假定下展开。我们发现：

命题 4：

在成本对称的三厂商模型中，就差异化的厂商决策顺序情境而言，当 $\delta_a = \delta_d = \delta_f$，即三厂商同时决策时，最优反倾销税最高；当 $\delta_f > \delta_a > \delta_d$，即其他国外厂商先决策，倾销厂商再决策，国内厂商最后决策时，最优反倾销税最低。

我们尝试诠释命题 4 背后的经济学原理。必须牢记，反倾销税的征收不仅要考虑国内产业的利益，还要关心消费者福利。$\delta_a = \delta_d = \delta_f$ 意味着同时决策的三厂商在市场上处于势均力敌的状态。此时反倾销税的征收不仅可以有效缓解来自倾销厂商的竞争压力，且由于另一同样有竞争力的其他国外厂商的存在，整个市场环境仍置于一种浓厚的竞争氛围中，消费者不会由于国内厂商独大而遭受趋于垄断的高价，故宜征收较高的反倾销税。由于产量竞争的先发优势，$\delta_f > \delta_a > \delta_d$ 意味着其他国外厂商具有很强的竞争力，倾销厂商次之，国内厂商的竞争力较弱。此时，一方面，反倾销税的征收，由于国内厂商实力较弱，对缓解倾销厂商竞争压力的效果并不明显；另一方面，国内厂商的主要竞争压力源自其他国外厂商，征收反倾销税反而进一步扩大了主要竞争对手的市场份额；故宜征收较低的反倾销税。

就所有的四类 13 种情境，可以进行两两比较并得到一些其他结论，如固定倾销厂商的决策时点，就国内厂商和其他国外厂商决策顺

序的不同进行分析讨论等,限于篇幅,我们就不一一展开了。

五、影响最优反倾销税的其他因素

我们想进一步考察,给定厂商决策顺序,最优反倾销税税率还受哪些因素影响。通过观察各情境下 t 的表达式,容易发现最优反倾销税税率受市场容量 a、倾销厂商 a 的边际成本 c_a、国内厂商 d 的边际成本 c_d、其他国外厂商 f 的边际成本 c_f 等因素的影响。

$\dfrac{\partial t}{\partial a} > 0$,表明最优反倾销税税率与市场容量正相关,即市场容量越大,最优反倾销税税率越高;$\dfrac{\partial t}{\partial c_a} < 0$,表明最优反倾销税税率与倾销厂商边际成本负相关,即倾销厂商边际成本越小,最优反倾销税税率越高;$\dfrac{\partial t}{\partial c_d} > 0$ 或 $\dfrac{\partial t}{\partial c_d} < 0$ 均有可能,表明国内厂商边际成本对最优反倾销税税率的影响并不确定。事实上,在两厂商模型中已经发现类似的研究结论,本书第二章也已对此作出详细论述,故这里不再赘述其背后的经济学逻辑。

$\dfrac{\partial t}{\partial c_f} > 0$,表明最优反倾销税税率与其他国外厂商边际成本正相关,即其他国外厂商边际成本越大,最优反倾销税税率越高。这是因为,正的贸易转移效应意味着反倾销税的征收使得其他国外厂商的产量增加,从而就国内产业而言,在缓解源自倾销厂商竞争压力的同时,加剧了源自其他国外厂商的竞争压力。若其他国外厂商的边际成本较高,则意味着其本身的竞争力有限,不会对国内产业发展构成太大威胁,此时可以着重考虑源自倾销厂商的竞争压力,而不必过多顾虑源自其他国外厂商的竞争压力,故最优反倾销税税率会较高;但若其他国外厂商的边际成本较低,则意味着其本身已具备较强的竞争力,假如一味打压倾销厂商,反而容易培育出新的竞争对手,对国内产业发展造成更大威胁,故最优反倾销税税率会较低。事实上,如果其他国外厂商的边际成本非常低,而倾销厂商和国内厂商的边际成本相对较高,则可能导致征税前其他国外厂商的产量水平远高于倾销厂商和国内厂商,此时根据前面的讨论,反倾销税是不宜被征收的,即最优反倾销税税率将为零。

综上所述,我们有如下结论:

命题 5:

最优反倾销税与市场容量正相关,与倾销厂商边际成本负相关,与其他国外厂商边际成本正相关;国内厂商边际成本对最优反倾销税的影响难以确定。

第四节　拓展模型分析

一、模型设定

与第二章相仿,我们将通过三厂商同时进行价格决策的异质产品伯川德模型验证前面结论的稳健性。

本国市场上有三个厂商,分别为倾销厂商 a、国内厂商 d,以及其他国外厂商 f,它们销售同类但异质的产品,记 q_a、q_d、q_f 分别为厂商 a、d、f 的产量。三厂商均具有不变的边际成本,分别记为 c_a、c_d、c_f;它们的(准)固定成本均为零。

消费者效用函数如下:

$$u = a_a q_a + a_d q_d + a_f q_f - \frac{1}{2}(b_a q_a^2 + b_d q_d^2 + b_f q_f^2 + 2d_1 q_a q_d + 2d_2 q_a q_f + 2d_3 q_d q_f)$$

为简化模型,令 $a_a = a_d = a_f = a$,$b_a = b_d = b_f = b$,$d_1 = d_2 = d_3 = d$
由效用最大化的一阶条件可导出三厂商的需求函数如下:

$$q_a = \frac{(b-d)a - (b+d)p_a + d(p_d + p_f)}{(b-d)(b+2d)}$$

$$q_d = \frac{(b-d)a - (b+d)p_d + d(p_a + p_f)}{(b-d)(b+2d)}$$

$$q_f = \frac{(b-d)a - (b+d)p_f + d(p_a + p_d)}{(b-d)(b+2d)}$$

其中,有 $b > d$ 成立。

本国政府和三厂商进行完全信息的动态博弈。第一阶段,以社会福利最大化为目标的本国政府,选择对倾销厂商 a 征收从量的反倾销税 t。第二阶段,三厂商在观察到 t 后,同时选择价格以实现利润最大化。假定所有上述信息为共同知识。就完全信息动态博弈,一般采用逆向归纳法求解。

二、模型求解

厂商 a 的利润函数可写作:

$$\pi_a = q_a(p_a - c_a - t)$$
$$= \frac{[(b-d)a - (b+d)p_a + d(p_d + p_f)]}{(b-d)(b+2d)}(p_a - c_a - t)$$

由一阶条件可得:

$$2(b+d)p_a = d(p_d + p_f) + (b-d)a + (b+d)(c_a + t)$$

类似地,可得:

$$2(b+d)p_d = d(p_a + p_f) + (b-d)a + (b+d)c_d$$
$$2(b+d)p_f = d(p_a + p_d) + (b-d)a + (b+d)c_f$$

联立上述三式:

$$p_a = \frac{(b-d)(2b+3d)a + (b+d)[(2b+d)(c_a + t) + dc_d + dc_f]}{2b(2b+3d)}$$

$$p_d = \frac{(b-d)(2b+3d)a + (b+d)[(2b+d)c_d + d(c_a+t) + dc_f]}{2b(2b+3d)}$$

$$p_f = \frac{(b-d)(2b+3d)a + (b+d)[(2b+d)c_f + dc_d + d(c_a+t)]}{2b(2b+3d)}$$

进一步地：

$$q_a = \frac{b+d}{2b(2b+3d)(b-d)(b+2d)}[(b-d)(2b+3d)a$$
$$- (2b^2+3bd-d^2)(c_a+t) + d(b+d)(c_d+c_f)]$$

$$q_d = \frac{b+d}{2b(2b+3d)(b-d)(b+2d)}[(b-d)(2b+3d)a$$
$$- (2b^2+3bd-d^2)c_d + d(b+d)(c_a+t+c_f)]$$

$$q_f = \frac{b+d}{2b(2b+3d)(b-d)(b+2d)}[(b-d)(2b+3d)a$$
$$- (2b^2+3bd-d^2)c_f + d(b+d)(c_d+c_a+t)]$$

国内厂商 d 的利润可写作：

$$\pi_d = \frac{(b-d)(b+2d)}{b+d}q_d^2$$

消费者剩余可写作：

$$CS = u - p_a q_a - p_d q_d - p_f q_f$$
$$= \frac{1}{2}(bq_a^2 + bq_d^2 + bq_f^2 + 2dq_a q_d + 2dq_a q_f + 2dq_d q_f)$$

税收收入可写作：tq_a

$$\partial W/\partial t = \partial\pi_d/\partial t + \partial CS/\partial t + \partial(tq_a)/\partial t$$

其中：

$$\partial\pi_d/\partial t = \frac{2(b-d)(b+2d)}{b+d}\frac{\partial q_d}{\partial t}q_d$$

$$\partial CS/\partial t = \left(b\frac{\partial q_a}{\partial t} + d\frac{\partial q_d}{\partial t} + d\frac{\partial q_f}{\partial t}\right)q_a + \left(b\frac{\partial q_d}{\partial t} + d\frac{\partial q_a}{\partial t} + d\frac{\partial q_f}{\partial t}\right)q_d$$

$$+ \left(b\frac{\partial q_f}{\partial t} + d\frac{\partial q_a}{\partial t} + d\frac{\partial q_d}{\partial t}\right)q_f$$

$$\partial(tq_a)/\partial t = q_a + t\frac{\partial q_a}{\partial t}$$

进一步地:

$$\frac{\partial q_a}{\partial t} = -\alpha\beta,$$

$$\frac{\partial q_d}{\partial t} = \frac{\partial q_f}{\partial t} = \alpha\gamma,$$

其中:

$$\alpha = \frac{b+d}{2b(2b+3d)(b-d)(b+2d)},\ \beta = 2b^2 + 3bd - d^2,\ \gamma = (b+d)d$$

令 $\partial W/\partial t = 0$,并将 q_a,q_d,q_f,$\dfrac{\partial q_a}{\partial t}$,$\dfrac{\partial q_d}{\partial t}$,$\dfrac{\partial q_f}{\partial t}$ 的表达式代入

可得:

$$\alpha\left[-\frac{(2b^2 + 3bd - d^2)(6b^2 + 9bd - d^2)}{2b(2b+3d)}t + \frac{(b-d)(2b^2 + 3bd - d^2)}{2b}a\right.$$

$$\left.-\frac{(2b^2 + 3bd - d^2)^2}{2b(2b+3d)}c_a - \frac{d^2(b+d)^2}{2b(2b+3d)}c_d + \frac{d(b+d)(4b^2 + 7bd - d^2)}{2b(2b+3d)}c_f\right]$$

$$= 0$$

可以求得:

$$t = \frac{\begin{array}{c}(b-d)(2b+3d)(2b^2 + 3bd - d^2)a - (2b^2 + 3bd - d^2)^2 c_a \\ -d^2(b+d)^2 c_d + d(b+d)(4b^2 + 7bd - d^2)c_f\end{array}}{(2b^2 + 3bd - d^2)(6b^2 + 9bd - d^2)}$$

$$\partial^2 W/\partial t^2 = -\alpha\frac{(2b^2 + 3bd - d^2)(6b^2 + 9bd - d^2)}{2b(2b+3d)} < 0,\text{满足二阶}$$

条件。

三、结果讨论

尽管上述表达式较为复杂，但不难发现最优反倾销税与市场容量正相关，与倾销厂商和国内厂商边际成本负相关，与其他国外厂商边际成本正相关。这恰与产品同质下三厂商古诺模型所得到的基本结论相一致。同样地，反倾销税表现出正的产业救济效应、负的贸易破坏效应和正的产业救济效应。

同样地，令 $\bar{q}_a , \bar{q}_d , \bar{q}_f > 0$，我们得到先验的假设条件：

$$(b-d)(2b+3d)a - (2b^2 + 3bd - d^2)c_a + d(b+d)(c_d + c_f) > 0$$

$$(b-d)(2b+3d)a - (2b^2 + 3bd - d^2)c_d + d(b+d)(c_a + c_f) > 0$$

$$(b-d)(2b+3d)a - (2b^2 + 3bd - d^2)c_f + d(b+d)(c_a + c_d) > 0$$

不难验证，无法仅由上述三式论证 $t > 0$。

但若有 $c_a = c_d = c_f = c$ 或 $\bar{q}_f \leqslant \max\{\bar{q}_a , \bar{q}_d\}$ 成立，则可以证明必有 $t > 0$ 成立。

由此可见，产品同质的产量竞争模型和产品异质的价格竞争模型，就本章所要阐述的基本结论而言，并没有方向上的差异。限于研究精力，我们没有就价格竞争模型一一分析另外的 12 种差异情境，但我们仍然推测其基本结论同产量竞争模型能够表现出一致性，未来将尝试进行系统的严格论证。

第五节　本章主要结论

本章构建考虑贸易转移效应的三厂商反倾销税模型，基于国内厂商、倾销厂商、其他国外厂商三者不同决策顺序的差异情境，翔实考察不同情境下贸易转移效应如何影响反倾销税的适度征收，主要结论归纳如下：

（1）反倾销税的产业救济效应、贸易破坏效应及贸易转移效应在差异情境中表现出一定的稳健性。具体地，基于不同的厂商决策顺序，反倾销税的征收均会带来正的产业救济效应、负的贸易破坏效应和正的贸易转移效应。

（2）贸易转移效应对最优反倾销税的符号有重要影响，且这种影响在差异情境中表现出一定的稳健性。具体地，基于任意的厂商决策顺序，贸易转移效应的引入，都将使得最优反倾销税的符号难以判断。但若三厂商拥有对称的边际成本或征税前其他国外厂商的产量水平低于国内厂商或倾销厂商的，则最优反倾销税严格为正。

（3）贸易转移效应的强弱与最优反倾销税的高低不存在简单的对应关系。具体地，基于厂商决策顺序的差异情境，尚未从数值大小上发现贸易转移效应和最优反倾销税之间的正向或反向关系。换言之，较强的贸易转移效应并不必然导致较高或较低的最优反倾销税。

（4）最优反倾销税的大小受厂商决策顺序影响。具体地，当三厂商同时决策时，最优反倾销税最高；当其他国外厂商先决策、倾销厂商再决策、国内厂商最后决策时，最优反倾销税最低。

（5）最优反倾销税的大小受市场容量和厂商边际成本影响。具体地，最优反倾销税在差异情境中始终与市场容量正相关，与倾销厂商边际成本负相关，与其他国外厂商边际成本正相关，但与国内厂商边际成本的关系在差异情境中表现出正相关或负相关。

上述理论研究的结论提醒政策实践者注意，一旦国内市场上存在倾销厂商以外的其他国外厂商，则反倾销税的征收必将带来贸易转移效应，且这种贸易转移的效应将使得征收反倾销税不再成为必然的最优选择。事实上，贸易政策实践中一个重要的政策争论就是：反倾销税对国内产业的保护，其所获得的收益能否弥补消费者福利的损失。在本书第二章所讨论的两厂商模型中，我们得出的答案是肯定的。此时征收适度的反倾销税，有助于社会福利的提高。但是，两厂商模型的结论会给政策制定者带来一种错觉，他们倾向于认为，即使市场上存在多个国外厂商，但对其中一个或几个厂商征收反倾销税，同样能够提高社会福利。但是,贸易转移效应的存在,使得征收反倾销税可能只是"为他人作嫁衣裳"。一个典型案例是 2001 年 6 月份中国对原产日本、美国、德国的丙烯酸酯征收的反倾销税,导致反倾销税非征收对象国的印度、马来西亚、新加坡、韩国等对华出口量激增,使得反倾销措施在保护国内产业方面收效甚微。本章的研究围绕贸易转移效应展开,从理论层面揭示反倾销税的征收可能并非最优选择,并提醒政策实施者注意:面临贸易转移效应时反倾销税的征收需要格外谨慎,不能无视市场条件,盲目地采取反倾销措施。

那么,在怎样的市场条件下适宜征收反倾销税呢? 本章给出了两个充分条件并在厂商决策顺序的差异情境下验证了结论的稳健性。第一个条件是基于边际成本给出的,即各厂商具有相同的边际成本。在实践中,若能观察到或通过某些信息推断出各厂商的边际成本,则可据此作为是否征收反倾销税的依据。考虑到边际成本可能是厂商的私人信息,本章还给出了一个确保能够被观测到的产量条件,即征税前其他国外厂商的产量水平低于国内厂商或倾销厂商。我们简要分析这两个充分条件背后的经济学逻辑。成本条件意味着其他国外厂商同国内厂商、倾销厂商势均力敌;产量条件意味着其他国外厂商处于相对弱势的竞争对位。基本的决策原则是:若对国内厂商面临的较强竞争对手征收反倾销税,则能够提高社会福利;但若对国内厂商面临的较弱竞争对手征收反倾销税,则可能反而降低社会福利。这也符合我们的经济学直觉。因此,尽管现实中国内厂内商、倾销厂商以及其他国外厂商的数量可能均不止一个,一旦考虑到厂商决策顺序其可能的差异情境也会更为复杂,但我们推测上述结论仍能类推适用,后续研究中我们也会尝试进行严格的论证。

本章的研究不仅阐明了面临贸易转移效应时不能盲目地采取反倾销措施;更具体地给出了适宜征收反倾销税的条件;而且揭示了厂商决策顺序、市场容量、厂商边际成本如何影响最优反倾销税。这将为我国对外贸易政策实践提供有力的理论依据和很好的借鉴意义,使得反倾销税的征收幅度能够根据实际情况的不同而灵活变动,从而更好地实现公共利益。

第六章 反倾销调查"申请制"
对反倾销措施的影响

第一节 问题提出

反倾销作为符合 WTO 公平贸易原则的贸易政策措施,被世界各国频繁地用于保护本国产业。中国自 1997 年颁布实施《中华人民共和国反倾销和反补贴条例》并对原产于加拿大、美国、韩国的新闻纸发起首例反倾销调查以来,已陆续发起对外反倾销调查累计近百例,产品涉及化学、电子、冶金、造纸、纺织、医药和轻工业等多个行业。随着经济全球化的不断发展,国外产品在华倾销愈演愈烈,国内产业发展壮大迫在眉睫,如何合理运用反倾销措施制定适度的反倾销税,在缓解竞争压力促进产业发展的同时,更好地实现公共利益,不仅具备充足的理论价值,更具备明确的现实意义。

然而,也需注意的是,反倾销措施的实施必须符合乌拉圭回合拟定的《执行 1994 年关贸总协定第 6 条的协议》(通常简称"WTO 反倾销守则")①的相关规定。特别地,WTO 反倾销守则进一步明确了对申请调查者资质的规定,从而完善了反倾销调查的"申请制"。具体地,WTO 反倾销守则第 5.4 条明确规定,发起反倾销调查必须满足如下两个条件:①支持申请的国内生产者产量占国内产业中表示支持或反对申请的国内同类产品生产者生产的同类产品总产量的比例达 50%

---

① 张玉卿. 从新守则看国际反倾销的趋势——试析 WTO 反倾销守则与"东京回合"守则的差异[J]. 国际贸易,1994(4):40-42.

以上;②支持申请的国内生产者产量占国内产业生产的同类产品总产量的比例不低于25%。简言之,发起反倾销调查必须确保所有支持者的总产量超过反对者的总产量,且达到该产业总产量的25%。

由此可见,尽管理论研究者常将反倾销措施视作一般的战略性进口关税(沈瑶等,2003;王珂珂和钟根元,2009;冯宗宪和向洪金,2010),且在实践中反倾销措施常被赋予替代战略性进口关税的功效(Stigliz,1997;杨仕辉等,2011),但反倾销措施事实上因可能受限于WTO反倾销守则从而与一般的战略性进口关税有所不同。直观上讲,反倾销调查的"申请制"的规定使得政府作为中央计划者不再具有直接征收反倾销税的主动性,而社会福利最大化的政府目标又与利润最大化的厂商动机并不完全一致,故其可能会在一定程度上抑制反倾销措施的实施。本书将尝试揭示WTO反倾销守则中反倾销调查"申请制"的规定是否会抑制反倾销措施的实施。

基于经济学分析框架围绕反倾销展开研究大致可分为实证分析和理论研究两大类。就实证分析,经典文献借助美国对外反倾销实践的经验数据,考察反倾销税的贸易破坏效应(Staiger,Wolak,1994;Krupp,Pollard,1996)和贸易转移效应(Prusa,1996)。一方面,后续研究在美国(Prusa,2001;朱晶和胡俊,2011;杨仕辉等,2012)、欧盟(Lasgani,2000;Brenton,2001;Jozef,Vandenbussche,2001;刘重力和曹杰,2011)、墨西哥(Niels,2003)、中国(沈瑶和王继柯,2004;鲍晓华,2007)、印度(梁志鹏,2015)等市场上进一步检验上述两种效应;另一方面,提出了反倾销税可能的贸易偏转效应和贸易抑制效应,并就不同国家热卷钢(Durling,Prusa,2006)、美国对日本(Bown,Crowley,2007)、欧美对中国(冯宗宪和向洪金,2010)等反倾销案例数据进行实证检验;当然也有部分学者从显示性比较优势(沈国兵,2012)、厂商绩效(苏振东等,2012)等其他方面考察反倾销对国内受保护产业的影响。就理论研究而言,基本的思想是构建动态博弈模型,考察反倾销的福利效应及最优反倾销税税率(Davies,Mcguiness,1982;Brander,Krugman,1983;Gruenspecht,1988;Anderson et al.,

1995)。国内学者的相关研究一部分沿袭上述框架,考察反倾销税的适度征收问题(沈瑶等,2003;王珂珂和钟根元,2009;向洪金等,2011);另一部分则考察反倾销过程中的逆向选择(杨仕辉,2000)、厂商应诉(林汉川和杨仕辉,2004)、预警机制(方勇和张二震,2004)、威胁的可置信性及对最优出口政策的影响(彭立志和王领,2006)等问题。

由于实施反倾销措施的直接现实依据是各国的反倾销法,尽管不同国家的反倾销法尚有一定差异,但都必须符合 WTO 反倾销守则,更有多数内容直接援引该守则的相关规定。因此,也有部分法学学者从解读 WTO 反倾销守则及相关法律法规的角度致力于反倾销方面的研究。赵维田(1999)翔实考察了 WTO 反倾销守则的新规定;张亮(2003)聚焦于 WTO 反倾销守则第 18.1 条,对"针对倾销的特定行动"作出界定;刘勇(2008)总结了 WTO 反倾销制度的若干特点;郭双焦和米家龙(2008)研究了 WTO 反倾销制度与竞争政策的关联及冲突;金晓晨(2011)就后危机背景下如何修订 WTO 反倾销守则给出了法理分析;聂资鲁和蔡岱松(2012)剖析了反倾销司法审查条款;曹和平(2012)讨论了反倾销法的"公共利益原则";周俊杰、张亮(2013)阐述了反倾销调查中对实质损害威胁的确定。

总体而言,就反倾销方面的研究来说,经济学和法学领域的相关学者各有侧重,但在跨学科的交叉融合方面似还有所欠缺。具体地,经济学学者在构建理论模型时往往疏于考虑 WTO 反倾销守则的相关规定,法学学者在解读 WTO 反倾销守则时则鲜有涉及经济学的分析方法。当然,已有学者在考察反倾销措施的福利效应时,注意到 WTO 反倾销守则中关于倾销幅度和价格承诺的相关规定(Prusa,1994;Feenstra,2004;Collie,Le,2010;Wu et al.,2014;钟根元和王方华,2003;郑甘澍和周燕,2009),但我们尚未发现有相关文献专门论证反倾销调查"申请制"对反倾销措施的可能影响。事实上,尽管国内外学者知晓实施反倾销措施必须先由国内产业代表提出申请(Feenstra,2004;杨仕辉,2000),但他们仅将此作为执行反倾销措施的一个例行步骤,并未深入考察反倾销调查"申请制"的细节规定及对反倾销措施的可能影响。本章将分析讨论反倾销调查"申请制"是否会抑制反倾销措施的实施,填补相关理论研究的空白,并尝试就反倾销方面的跨学科研究提供抛砖引玉的借鉴意义。

本章余下部分的内容安排如下:第二节为模型分析,即基于WTO反倾销守则中有关反倾销调查"申请制"的规则,构建采取反倾销措施的动态博弈模型;第三节为结果讨论,即基于理论模型的结论,剖析反倾销调查"申请制"是否会抑制反倾销的实施;第四节为本章主要结论。

第二节　模　型　分　析

如前面所述,在反倾销调查"申请制"规则下,反倾销税不能由政府主动征收,而必须先由符合条件的国内产业代表提出申请。因此,符合条件的国内产业代表能够决定是否提出反倾销申请,但必须在给定的反倾销税税率水平下基于利润最大化进行生产决策;政府能够在国内产业提出反倾销申请时基于社会福利最大化决定是否征收反倾销税、征收何种幅度的反倾销税,但不能在国内产业未提出反倾销申请时,主动采取反倾销措施;同时,国内产业通常由多个厂商组成,它们均可分别对反倾销申请持支持、反对和不表态三种态度,从而决定国内产业是否满足提出申请的条件。由此可见,在反倾销调查"申请制"规则下反倾销税的征收问题,体现出很强的策略依赖性,本质上是一个包含国内厂商、国外厂商以及本国政府在内的多阶段动态博弈问题,故本章将构建动态博弈模型进行理论分析。基本的研究思路是:在反倾销调查"申请制"规则下,是否存在国内产业选择不提出反倾销申请从而反倾销税税率为零的情形? 若不存在,则反倾销调查"申请制"并未抑制反倾销措施的实施。若存在,则进一步考察,如果取消反倾销调查"申请制",改为由政府主动征收反倾销税,此时的反倾销税税率水平是否仍为零？若是，则表明反倾销税为零并不是反倾销调查"申请制"本身所致，即便取消反倾销调查"申请制"，政府仍将选择零税率水平，故反倾销调查"申请制"仅在形式上而未在本质上抑制反倾销措施的实施。若否，则表明反倾销调查"申请制"本身导致了零税率水平，故反倾销调查"申请制"将实质地抑制反倾销税的实施。下面将具体地基于反倾销调查"申请制"规则构建动态博弈模型，并根据上述研究思路翔实地考察反倾销调查"申请制"是否会抑制反倾销措施的实施。

本国市场上存在 n 个厂商，其中，$n-1$ 个为国内厂商，记作厂商1，2，$\cdots$，$n-1$；1个国外厂商，记作厂商 n。它们销售同质产品，其反需求函数为 $p=a-q=a-\sum_{i=1}^{n}q_i$，其中，$q_i$ 为第 i 个厂商的产量，$i=1$，2，$\cdots$，n。国内厂商的边际成本均为 c_d，国外厂商的边际成本为 c_f，所有厂商的固定成本均为零。国外厂商在本国市场上存在倾销行为。

本国政府和上述 n 个厂商进行完全信息的动态博弈。第一阶段，每一国内厂商同时决定对反倾销申请的态度，即支持、反对、不表态。其中，表示支持或反对的厂商需要支付额外的成本 f，因这些厂商需要联名提出申请，故需支付相应的协调成本；不表态的厂商则无需支付此成本。第二阶段，若厂商表决情况满足 WTO 反倾销守则5.4条的相关规定，则本国政府宣布采取反倾销措施并对国外厂商征收从量的反倾销税 t；否则，不予采取反倾销措施。具体地，记所有国内厂商的总产量为 Q，所有表示支持的国内厂商的总产量为 Q_s，所有表示反对的国内厂商的总产量为 Q_a，则若满足 $Q_s>Q_a$ 且 $Q_s/Q>1/4$，则本国政府选择对国外厂商征收从量反倾销税 t；否则，不予征收反倾销税。第三阶段，所有厂商在观察到 t（若不征收反倾销税则 $t=0$）后，进行古诺竞争同时选择产量以实现各自厂商的利润最大化。所有上述信息为共同知识。我们将用逆向归纳法求解此动态博弈。

先考察第三阶段给定反倾销税 t 厂商之间的古诺竞争。

国内厂商 $j(j=1, 2, \cdots, n-1)$：

$$\max_{q_j} \pi_j = \max_{q_j} q_j \left(a - \sum_{i=1}^{n} q_i - c_d \right)$$

由一阶条件得：

$$\partial \pi_j / \partial q_j = a - c_d - 2q_j - \sum_{i \neq j}^{n} q_i = 0$$

$\partial^2 \pi_j / \partial q_j^2 = -2 < 0$，满足二阶条件。

国外厂商 n：

$$\max_{q_n} \pi_n = \max_{q_n} q_n \left(a - \sum_{i=1}^{n} q_i - c_f - t \right)$$

由一阶条件得：

$$\partial \pi_n / \partial q_n = a - c_f - t - 2q_n - \sum_{i=1}^{n-1} q_i = 0$$

$\partial^2 \pi_j / \partial q_j^2 = -2 < 0$，满足二阶条件。

联立上述 n 个一阶条件可得：

$$q_1 = \cdots = q_{n-1} = \frac{a - 2c_d + c_f + t}{n+1},$$

$$q_n = \frac{a + (n-1)c_d - nc_f - nt}{n+1}$$

进一步地：

$$\pi_1 = \cdots = \pi_{n-1} = \frac{(a - 2c_d + c_f + t)^2}{(n+1)^2}$$

$$\frac{\partial \pi_j}{\partial t} = \frac{2(a - 2c_d + c_f + t)}{(n+1)^2} > 0$$

则征收反倾销税后国内厂商利润必然提高。

接下来，我们考察第二阶段的政府决策。若满足发起反倾销调查的条件，则政府将根据社会福利最大化的原则确定反倾销税税率水平；否则，将不予征税，即 $t = 0$。我们重点考察满足调查条件从而政府选择最优反倾销税的情形。政府的目标函数包括国内厂商利润、消费者剩余和税收收入三部分，故相应的最大化问题可写作：

$$\max_t W = \max_t (n-1)\pi_j + CS + tq_n$$

将古诺均衡下的 π_j、CS、q_n 代入上述目标函数可得：

$$\max_t \frac{(n-1)(a-2c_d+c_f+t)^2}{(n+1)^2} + \frac{[na-(n-1)c_d-c_f-t]^2}{2(n+1)^2}$$
$$+ \frac{t[a+(n-1)c_d-nc_f-nt]}{n+1}$$

由一阶条件得：

$$\frac{\partial W}{\partial t} = \frac{(2n-1)a+(n^2-3n+2)c_d-(n^2-n+1)c_f-(2n^2+1)t}{(n+1)^2}$$
$$= 0$$

则有：

$$t^* = \frac{(2n-1)a+(n^2-3n+2)c_d-(n^2-n+1)c_f}{(2n^2+1)}$$

$$\frac{\partial^2 W}{\partial t^2} = \frac{-(2n^2+1)}{(n+1)^2} < 0，满足二阶条件。$$

我们需要验证，在厂商数目给定的情况下，所求得的最优反倾销税严格为正。因模型先验地设定各厂商进行古诺竞争，故必须保证税前每一厂商的产量为正，即有如下两式成立：

$$a-2c_d+c_f > 0, \ a+(n-1)c_d-nc_f$$

据此可以推知：

$$(2n-1)a+(n^2-3n+2)c_d-(n^2-n+1)c_f$$
$$= (n-1)(a-2c_d+c_f)+n[a+(n-1)c_d-nc_f]$$
$$> 0$$

107

故对于给定的 n，始终有 $t^* > 0$。至此我们已经验证最优反倾销税严格为正。

最后，我们考察第一阶段国内厂商的选择。

因征收反倾销税后，国内厂商的利润必然提高，故反对申请为国内厂商的严格劣策略。

第三节　结　果　讨　论

根据上述理论模型，我们有如下结论：

命题 1：

任一国内厂商不会反对反倾销申请。

鉴于反倾销措施类似于公共物品的存在，一旦决定征税，则所有国内厂商都将从中获利。因此，在申请过程中国内厂商存在着明显的"搭便车"行为，每一国内厂商均希望由其他厂商完成反倾销申请，从而自身无需支付支持申请的协调成本并从反倾销税的征收中得到利润提升。由于我们已假定所有国内厂商具有相同的成本函数信息，故古诺均衡下它们会生产相同的产量。据此，有如下结论成立：

命题 2：

记 m 为满足 $m \geqslant (n-1)/4$ 的最小整数，则在子博弈完美纳什均衡下，就第一阶段厂商申请情况而言，可能的结果仅有两个：①恰有 m 个厂商支持申请；②所有厂商均不表态。

我们对上述结论作出简要说明。显然，若有超过 m 个厂商支持申请，不妨设有 $m+1$ 个厂商支持申请，则给定厂商 $i = 1, 2, \cdots, m$ 支持申请，已经可以启动反倾销调查，故厂商 $m+1$ 的最优选择为不表态，若不然其将支付支持申请的协调成本，故在子博弈完美纳什均衡下不可能出现超过 m 个厂商支持申请的结果。若有大于 0 但小于 m 个厂商支持申请，不妨设有 $m-1$ 个厂商支持申请，则给定厂商 $i = 1, 2, \cdots,$

$m-2$ 支持申请，厂商 $m-1$ 的最优选择为不表态，因支持申请需支付额外的协调成本，但反倾销调查仍无法启动，故在子博弈完美纳什均衡下不可能出现大于 0 但小于 m 个厂商支持申请的结果。

　　下面我们将继续分析，上述两个可能结果出现的条件。就某一厂商而言，若其不表态，则若第一阶段所有厂商表决情况满足发起反倾销调查的条件并最终征收反倾销税 t^*，其利润为 $\pi_i(t^*)$；若第一阶段所有厂商表决情况不满足发起反倾销调查的条件并最终不采取反倾销措施，其利润为 $\pi_i(0)$。类似地，若其支持申请，则在相应的两种表决结果下其净利润分别为 $\pi_i(t^*)-f$ 和 $\pi_i(0)-f$。不难发现，厂商不表态时的最低利润为 $\pi_i(0)$，厂商支持申请的最高利润为 $\pi_i(t^*)-f$。记 $R=\pi_i(t^*)-\pi_i(0)-f$，则若 $R<0$，支持申请将是厂商的严格劣策略，从而厂商将在第一阶段必然选择不表态。据此可知，发起反倾销调查的必要（但非充分）条件为 $R\geqslant 0$。令 $\Delta\pi_i=\pi_i(t^*)-\pi_i(0)$，则对给定的 f，$\Delta\pi_i$ 越小，厂商支持申请的动机就越弱。

　　进一步地：

$$\Delta\pi_i=\frac{t^*[2(a-2c_d+c_f)+t^*]}{(n+1)^2}。$$

　　因 $2a-3c_d+c_f=\dfrac{2n+1}{n+1}(a-2c_d+c_f)+\dfrac{1}{n+1}[a+(n-1)c_d-nc_f]>0$，故有：

$$\frac{\partial t^*}{\partial n}=\frac{(1+2n-n^2)(2a-3c_d+c_f)}{(2n^2+1)^2}<0$$

　　即 t^* 为 n 的减函数。

　　由此可知，$\Delta\pi_i$ 为 n 的减函数。这表明，国内厂商数量越多，则 $\Delta\pi_i$ 越小，那么厂商支持申请的动机就越弱，从而发起反倾销调查的可能将会越低。特别地，当 $n\to\infty$ 时，不难发现有 $\Delta\pi_i\to 0$。这意味着，如果国内产业趋近于完全竞争，则即使支持申请的协调成本 f 很小，厂商仍将

选择不表态,从而反倾销调查无法发起。据此,我们有如下结论成立:

命题3:

就竞争性的国内产业而言,发起反倾销调查的条件难以满足。

命题3似乎已经表明,反倾销调查"申请制"会抑制竞争性产业反倾销措施的实施。然而,现在下此定论还为时尚早。这是因为,尽管前面业已论证,国内厂商数量给定时,由政府决定的最优反倾销税税率严格为正,但我们尚需讨论 $\lim\limits_{n\to\infty} t^*$ 是否为零。不难发现,若国内厂商和国外厂商具有相同的边际成本,即 $c_d = c_f = c$,此时模型的先验假定为 $a - c > 0$,最优反倾销税可写作 $t^* = \dfrac{(2n-1)(a-c)}{(2n^2+1)}$,则 $\lim\limits_{n\to\infty} t^* = 0$。

由此可知:

命题4:

就竞争性的国内产业而言,若国内厂商和国外厂商具有相同的边际成本,则最优反倾销税将为零。

命题4意味着对竞争性的国内产业,若国内厂商和国外厂商具有相同的边际成本,则即使没有反倾销调查"申请制"的规定从而政府可以自行发起反倾销调查并决定税率,最优反倾销税仍将为零。就这种情形,我们并不能认为反倾销调查"申请制"真正抑制了竞争性产业反倾销措施的实施,因为此时该竞争性产业事实上根本无需征收反倾销税。因此,若国内厂商和国外厂商的边际成本相同,则反倾销调查"申请制"事实上并不会抑制反倾销措施的实施。

那么,就更为一般的情形,是否也有 $\lim\limits_{n\to\infty} t^* = 0$ 呢?答案是否定的。

将模型先验的假定 $a - 2c_d + c_f > 0$ 和 $a + (n-1)c_d - nc_f$ 重新整理并写作:

$$a - c_f > 2(c_d - c_f),\quad a - c_f > (n-1)(c_f - c_d)$$

若 $c_d > c_f$,事实上我们仅需 $a - c_f > 2(c_d - c_f)$ 成立即可。

$$t^* = \frac{(2n-1)(a-c_f) + (n^2 - 3n + 2)(c_d - c_f)}{(2n^2+1)} > \frac{(n^2+n)}{(2n^2+1)}(c_d - c_f),$$

则有：

$$\lim_{n \to \infty} t^* \geqslant \frac{c_d - c_f}{2} > 0$$

若 $c_d < c_f$，事实上我们仅需 $a - c_f > (n-1)(c_f - c_d)$ 成立即可。

$$t^* = \frac{(2n-1)(a-c_f) + (n^2-3n+2)(c_d-c_f)}{(2n^2+1)} > \frac{(n^2-1)}{(2n^2+1)}(c_f-c_d)$$

则有：

$$\lim_{n \to \infty} t^* \geqslant \frac{c_f - c_d}{2} > 0$$

据此可知：

命题 5：

就竞争性的国内产业而言，若国内厂商和国外厂商具有不同的边际成本，则最优反倾销税将严格为正。

根据命题 5，我们似乎可以断言，若国内厂商和国外厂商的边际成本不同，则反倾销调查"申请制"将抑制竞争性产业反倾销措施的事实。然而，正如后面马上就要论证的，就竞争性的国内产业而言，若国内厂商的边际成本相对较低，则最优反倾销税相对市场容量将趋于零。这意味着，尽管理论上求得的最优反倾销税严格为正，但在实际征收时却可以忽略不计。我们将论证：

若 $c_d < c_f$，则 $\lim_{n \to \infty} \dfrac{t^*}{a} = 0$。

证明：

此时模型的先验假定为 $a - c_f > (n-1)(c_f - c_d)$，因 $c_f - c_d > 0$，故可改写作：

$$a - c_f = k(n-1)(c_f - c_d)$$

其中，$k > 1$。

将上式代入 t^* 的表达式可知：

$$\lim_{n\to\infty} t^* = \frac{(2k-1)(c_f-c_d)}{2}。$$

因 $a-c_f = k(n-1)(c_f-c_d) \Rightarrow a > k(n-1)(c_f-c_d)$，则有：

$$\lim_{n\to\infty} \frac{t^*}{a} \leqslant \lim_{n\to\infty} \frac{2k-1}{2k(n-1)} = 0,$$

又 $\lim_{n\to\infty} \dfrac{t^*}{a} \geqslant 0$，则有：

$$\lim_{n\to\infty} \frac{t^*}{a} = 0$$

证毕。

由此可知：

命题 6：

就竞争性的国内产业而言，若国内厂商的边际成本相对较低，则最优反倾销税可忽略不计。

我们对本章命题 4 至命题 6 背后的经济学逻辑略作阐释。就竞争性的国内产业而言，若国内厂商的边际成本等于或低于国外厂商，则意味着国外厂商的竞争力有限，不足以对国内产业构成威胁从而严重制约国内产业发展，故此时反倾销税可以被豁免。但若国内厂商的边际成本高于国外厂商，则意味着国外厂商的倾销行为可能会对国内产业的发展产生实质性阻碍，从而应当适度征收反倾销税。

最后，我们将上述命题 1 至命题 6 综合，从而得到如下结论：

命题：

就竞争性的国内产业而言，若国内厂商的边际成本高于国外厂商，则反倾销调查"申请制"会抑制反倾销措施的实施；但若国内厂商的边际成本等于或低于国外厂商，则反倾销调查"申请制"并不会抑制反倾销措施的实施。

第四节 本章主要结论

本章基于反倾销调查"申请制"规则构建反倾销税的动态博弈模型,考察反倾销调查"申请制"规则对竞争性产业反倾销措施可能的抑制作用。研究表明:若国内厂商的边际成本高于国外厂商,则反倾销调查"申请制"确会抑制竞争性产业反倾销措施的实施;但若国内厂商的边际成本等于或低于国外厂商,则反倾销调查"申请制"并不会抑制竞争性产业反倾销措施的实施。

那么,在反倾销实践中,是否确实能够找到支持反倾销调查"申请制"抑制竞争性产业反倾销措施实施的证据呢?从 1997 年 12 月我国对进口新闻纸的第一起反倾销案例开始,截止到 2021 年 12 月 31 日,我国共计发起对外反倾销调查案件 119 起。下面根据中国贸易救济网关于反倾销立案调查的相关信息,结合 Bain 的市场结构划分法,考察所有涉案产业的市场类型(表 6-1)。

表 6-1 Bain 市场结构分类表

市场结构/集中度	CR_4 值(百分比)	CR_8 值(百分比)
垄断型(唯一厂商)	—	—
寡占Ⅰ型(极高)	[85, 100]	—
寡占Ⅱ型(高)	[75, 85)	[85, 100]
寡占Ⅲ型(中上)	[50, 75)	[75, 85)
寡占Ⅳ型(中)	[35, 50)	[45, 75)
寡占Ⅴ型(低)	[30, 35)	[40, 45)
竞争型	[0, 30)	[0, 40)

虽然贸易救济网关于反倾销立案调查的信息有时并未提供申请及支持厂商的准确占比,但我们可以根据其符合《中华人民共和国反倾销条例》第十一条、第十三条和第十七条有关国内产业提出反倾销

调查申请的规定推断所有申请及支持厂商的产量占国内产业的比例一定超过50％，并由此在 Bain 的市场结构分类表中找到对应的市场结构类型。但是，有时这样的信息尚不足以判断其属于 Bain 市场结构分类表中的哪一类。例如，2017 年 2 月 13 日商务部对原产于印度的进口邻氯对硝基苯胺进行的反倾销立案调查，公告中仅表明申请人苏州市罗森助剂有限公司连续 3 年占同期中国同类产品总产量的 50％以上，却并未具体给出具体产量占比。事实上，它可能属于 Bain 市场结构分类表中的寡占Ⅲ型（中上）或寡占Ⅱ型（高）或寡占Ⅰ型（极高）甚至是垄断型（唯一厂商）。由于这里使用 Bain 市场结构分类表旨在说明，中国对外反倾销实践中，就竞争性产业发起的反倾销调查比例偏低，从而找到支持（至少是不削弱）反倾销调查"申请制"抑制竞争性产业反倾销措施实施这一结论的相关证据，因此，我们倾向于低估所考察市场结构的寡占类型。具体地，如果在相应的反倾销公告中，仅有申请及支持厂商占国内产业比例超过 50％的信息，则我们作此处理：如果企业数目为 1～4，则判定其市场结构为寡占Ⅲ型（中上）；如果企业数目为 5～8，则判定其市场结构为寡占Ⅳ型（中）；如果企业数目为 9 或 10，则判定其市场结构为寡占Ⅴ型（低）；如果企业数目超过 11，则判定其市场结构为竞争型。特别地，如果申请由行业协会提出，也判定其市场结构为竞争型。经过考察发现，在此阶段的 119 例反倾销调查案件中，其市场结构类型分布为：垄断型 7 例、寡占Ⅰ型（极高）12 例、寡占Ⅱ型（高）7 例、寡占Ⅲ型（中上）64 例、寡占Ⅳ型（中）15 例、寡占Ⅴ型（低）2 例、竞争型 12 例，详见书末附录 C。可以发现，所有发起反倾销调查的产业中，竞争性产业占比仅 10％，虽然不足以直接证明前面的结论，但是这样的现实数据使得前面结论的可靠性得到强化，竞争性产业反倾销措施的实施很可能因为反倾销调查"申请制"的相关规定而受到抑制。

尽管反倾销措施存在被滥用的倾向，倾销行为并不是反倾销措施的必要前提(Stigliz, 1997)，反倾销税更多地沦为一般的战略性进口税，但本章的研究结论却从另一个侧面揭示，就国内竞争性产业的保护而言,反倾销措施仍存在缺位。即便倾销行为确已对相关产业构成实质性损害,且反倾销税的适度征收符合公共利益原则,WTO 反倾销守则反倾销调查"申请制"的规定将使得竞争性产业往往无法提出有效的反倾销申请,从而无法启动反倾销调查。同时,反倾销调查"申请制"的规定使得市场集中度高的行业更容易提出反倾销申请,而这样的行业恰恰更易形成利益集团,并具备足够的游说政府部门的力量,从而使得反倾销税的征收更多地向单纯的行业利益而非公共利益倾斜。由此可见,反倾销调查"申请制"的规定不仅可能抑制竞争性产业反倾销措施的实施,而且加剧了反倾销税片面考虑国内产业的倾向,从而与 WTO 反倾销守则 6.12 条的公共利益条款以及反倾销税应符合的公共利益原则背道而驰。因此,本章认为,重构反倾销调查"申请制"的相关规定,当是未来修订 WTO 反倾销守则的一个理应被提上日程的重要方面。

那么,在 WTO 反倾销守则暂未被修订的当下,如何保障竞争性国内产业的切身利益,使得其在遭受国外厂商的倾销行为时能够有效地提出反倾销申请呢? 政府应充分发挥行业协会的协调作用。事实上,已有多位学者指出,应重视行业协会在反倾销应诉中的重要作用(何静和陈绍军,2003;席小炎,2005;童锋等,2014)。本章则进一步认为,行业协会不仅应该在"走出去"的厂商反倾销应诉中发挥作用,更应该在"引进来"中伴随倾销行为的反倾销申请中扮演重要角色。由行业协会牵头协调反倾销申请,不但可以有效地降低竞争性厂商彼此协调的交易成本,而且能够消除静候其他厂商申请的"搭便车"心态。因此,我们认为,充分发挥行业协会的引领协调作用,是竞争性产业发起反倾销申请并实施反倾销措施的一条可行路径。不过,需要特别注意的是,即使面对由行业协会发起的竞争性产业反倾销申请,启动相应的反倾销调查也不见得是符合公共利益原则的最优选择。事实上,根据前面的结论,就竞争性产业而言,唯有国内厂商的边际成本高于国外厂商时,政府方应启动反倾销调查并征收适当的反倾销税。

第七章 研 究 结 论

　　本书根据现实中具体的市场经济环境特征,基于战略性贸易政策经典文献 Brander 和 Spencer(1984)的基础研究框架,施加不同的约束条件,放宽其前提假设,系统考察不同市场特征下的最优贸易政策。本书主要研究结论概括如下:

　　在不考虑贸易转移效应的两厂商模型中,关税表现为正的产业救济效应和负的贸易破坏效应,基于社会福利最大化的最优税率严格为正。这在不同厂商决策顺序的差异情境中表现出一定的稳健性。无论厂商决策顺序如何,最优税率始终与市场容量正相关,与国外倾销厂商边际成本负相关。但在不同的厂商决策顺序下,最优税率与国内厂商边际成本的关系无法确定。具体地,当两厂商进行古诺竞争时,国内厂商边际成本不影响最优税率;当国内厂商为斯塔克尔伯格竞争的领导者时,最优税率与国内厂商边际成本正相关;当国外倾销厂商为斯塔克尔伯格竞争的领导者时,最优税率与国内厂商边际成本负相关。倘若简单套用古诺模型的结论,就会得出最优税率与国内厂商边际成本无关的结论,但该结论并不具有普遍适用性。基于厂商决策顺序所进行的最优关税的比较分析,还可以帮助政策实施者根据厂商进入市场的时序不同灵活调整税率水平。

　　需求函数形式的变化是否会影响最优贸易政策的选择? 本书以常弹性需求函数为例,考察当"战略替代"的假设不被满足时,最优贸易政策的决定问题。我们发现了与线性需求函数下迥异的研究结论。在线性需求函数下,如果不考虑贸易转移效应,两厂商模型始终能够求解出严格为正的最优税率;但在常弹性需求函数下,即使不考虑贸易转移效应,两厂商模型中最优关税的符号仍然不能简单确定。具体地,如果在自由贸易下,国内厂商能够同国外厂商进行古诺竞争,且相对国外厂商,国内厂商缺乏明显的成本优势,则最优关税为正;反之,若国内厂商具备明显的成本优势,则不征收关税是最优选择。这就提醒政策实施者注意,即使所要征税的市场上并不存在贸易转移效应,征收关税仍然不见得是必然的最优选择,此时尚需根据市场需求以及厂商成本函数信息作出综合判断。我们还进一步考察了国内厂商作为潜在进入者的情形。具体地,如果在自由贸易下,国外厂商的进入将使得国内厂商退出市场,此时,相对国外厂商,若国内厂商的成本劣势并不严重,则应适当征税以使得国内厂商进入市场;反之,若国内厂商的成本劣势严重,则应选择自由贸易并由国外厂商垄断市场。该结论提醒政策实施者注意,如果通过适当征税能够打破国外厂商垄断本国市场的格局,使得国内厂商进入市场,则可能带来福利改进;但是,如果维持国内厂商生产所需要的关税水平太高,以至于其产生的扭曲已经不足以弥补其收益,则反而不如选择自由贸易并由国外厂商垄断市场。

基于上游产业关联效应,考察受保护产业市场结构对最优反倾销税的影响。本研究发现:

(1) 在不同的市场结构下,反倾销税总体现出负的贸易抑制效应和正的产业救济效应。与完全垄断的国内市场结构相比,在完全竞争的国内市场结构下,贸易抑制效应和产业救济效应均更为明显。

(2) 在不同的市场结构下,基于公共利益的政府总会选择征收适当的反倾销税。当市场容量充分大时,与完全垄断的国内市场结构相比,在完全竞争的国内市场结构下,最优反倾销税税率较高。

(3) 在政府对各方利益平均赋权的前提下,最优税率与国内市场容量正相关,与国内厂商及其上游厂商的边际成本负相关,与国外厂商及其上游厂商的边际成本负相关。

在考虑贸易转移效应的三厂商模型中,反倾销税仍然表现为正的产业救济效应和负的贸易转移效应,且最优反倾销税税率与市场容量正相关,与国外倾销厂商边际成本负相关,与国内厂商边际成本的关系无法确定。这些都与两厂商模型的基本结论相一致。此外,在三厂商模型中,无论厂商决策顺序如何,反倾销税始终表现为正的贸易转移效应。但是,与两厂商模型不同,如果不再额外施加前提条件,在三厂商模型中,最优反倾销税的符号难以判断。这表明,一旦国内市场上存在倾销厂商以外的其他国外厂商,则征收反倾销税不再成为必然的最优选择,基于社会福利最大化的考虑或许应该选择不征税。倘若忽视反倾销税在相应市场上可能的贸易转移效应,简单套用两厂商模型的结论,可能会步入盲目征税的政策误区。那么,在怎样的市场条件下适宜征收反倾销税呢? 本书给出了两个不同的充分条件,并在厂商决策顺序的差异情境下验证了结论的稳健性。一个是成本条件,即三厂商拥有对称的边际成本;一个是产量条件,即征税前其他国外厂商的产量水平低于国内厂商或倾销厂商。上述条件所蕴含的基本的决策原则是:若对国内厂商面临的较强竞争对手征收反倾销税,则能够提高社会福利;但若对国内厂商面临的较弱竞争对手征收反倾销税,则可能反而降低社会福利。该结论能够为存在贸易转移效应的倾销市场上反倾销税的征收问题提供一个方向性的指导和借鉴。

反倾销措施必须符合 WTO 反倾销守则反倾销调查"申请制"的规定,只有满足条件的国内产业代表先提出申请后,政府才能决定如何选择相应的反倾销税税率。但是,社会福利最大化的政府目标又与利润最大化的厂商动机并不完全一致,那么这种反倾销调查"申请制"的规定,是否会抑制反倾销措施的实施呢? 研究表明:若国内厂商的边际成本高于国外厂商,则反倾销调查"申请制"确会抑制竞争性产业反倾销措施的实施;但若国内厂商的边际成本等于或低于国外厂商,则反倾销调查"申请制"并不会抑制竞争性产业反倾销措施的实施。尽管反倾销措施存在被滥用的倾向,倾销行为并不是反倾销措施的必要前提(Stigliz,1997),但上述研究结论却从另一个侧面揭示,就国内竞争性产业的保护而言,反倾销措施仍存在缺位。即便倾销行为确已对相关产业构成实质性损害,且反倾销税的适度征收符合公共利益原则,WTO 反倾销守则反倾销调查"申请制"的规定将使得竞争性产业往往无法提出有效的反倾销申请,从而无法启动反倾销调查。同时,反倾销调查"申请制"的规定使得市场集中度高的行业更容易提出反倾销申请,而这样的行业恰恰更易形成利益集团,并具备足够的游说政府部门的力量,从而使得反倾销税的征收更多地向单纯的行业利益而非公共利益倾斜。由此可见,反倾销调查"申请制"的规定不仅可能抑制竞争性产业反倾销措施的实施,而且加剧了反倾销税片面考虑国内产业的倾向,从而与 WTO 反倾销守则 6.12 条的公共利益条款以及反倾销税应符合的公共利益原则背道而驰。因此,本书认为,重构反倾销调查"申请制"的相关规定,当是未来修订 WTO 反倾销守则的一个理应被提上日程的重要方面。那么,在 WTO 反倾销守则暂未被修订的当下,如何保障竞争性国内产业的切身利益,使其在遭受国外厂商的倾销行为时能够有效地提出反倾销申请呢? 本书认为,应充分发挥行业协会的协调作用。由行业协会牵头协调反倾销申请,不但可以有效地降低竞争性厂商彼此协调的交易成本,而且能够消除静候其他厂商申请的"搭便车"心态。因此,充分发挥行业协会的引领协调作用,是竞争性产业发起反倾销申请并实施反倾销措施的一条可行路径。

由于研究水平和时间精力所限,本书尚存在一些不足。就研究脉络来看,本书采用的研究策略是在 Brander 和 Spencer(1984)的基础框架下,保持其他模型设定不变,单独考察厂商决策顺序、厂商参与约束、需求函数形式、市场结构、贸易转移效应、WTO 反倾销守则反倾销调查"申请制"规定每一因素对最优贸易政策的影响。但是,现实中的市场环境可能同时存在上述多个需要考虑的因素,而本书目前尚未把这些可能的因素结合在一起,考察它们之间相互作用的影响。在后续研究中,作者也将尝试构建一个更为完整的研究框架,将本书所考察的这些因素置入其中,从而能够形成一个分析最优反倾销税税率的综合性的框架。尽管这个工作难度较大,但作者仍将予以尝试。就每一章的具体研究内容而言,不足之处主要体现在:第二章中对于价格竞争模型下序贯决策时最优反倾销税税率的求解及比较分析;第三章中对于能否将结论扩展到不满足战略替代假设的一般需求函数形式;第四章中对于下游产业关联效应以及上下游产业市场结构的考察；第五章中对于将模型扩展到更多厂商时结论稳健性的验证；第六章中对于反倾销调查"申请制"对反倾销措施的抑制作用是否在非竞争性行业也会存在。这些问题，或者受限于时间精力，未能在本书中作出具体阐释，或者受限于研究水平，未能想到合理的解决方法，但无论如何，作者都将在后续研究中予以完善和思考。

　　田国强教授曾经说过，"庸医开错药，治死的只是个别人；而经济政策的药方用错，影响到的是一群人，甚至是整个国家"①。因此，在分析和解决经济问题时，必须因时因地，具体情况具体分析。本书的初衷在于探讨不同的局限条件下，立足新发展格局下促进产业发展的角度如何制定最优贸易政策；本书的研究结论也确实发现不同的局限条件下，是否征收关税、征收怎样水平的关税，的确有非常重要的不同之处。作者相信，本书理论研究的成果，能够切实为贸易政策实践提供一定的理论指导和借鉴意义，也殷切地希望政策实施者能够参考本书的研究结论，根据市场环境特征的不同，灵活采取贸易政策措施，真正实现公共利益，更好地促进产业发展。

---

① 田国强. 现代经济学的本质(下)[J]. 学术月刊, 2016, 48(8); 5-15.

参 考 文 献

［1］鲍晓华.反倾销措施的贸易救济效果评估［J］.经济研究,2007,42(2):71-84.

［2］毕吉耀,张哲人,李慰.特朗普时代中美贸易面临的风险及应对［J］.国际贸易, 2017,(2):17-20.

［3］宾建成.中国首次反倾销措施执行效果评估［J］.世界经济,2003,26(9):38-43.

［4］曹和平.反倾销法上公共利益规则的困境与反思［J］.江苏社会科学,2012,(3): 136-142.

［5］陈继勇,陈大波.特朗普经贸保护政策对中美经贸关系的影响［J］.经济学家, 2017,(10):96-104.

［6］丛海彬,邹德玲.基于反倾销税实施的经济效应分析［J］.特区经济,2007,(12): 268-269.

［7］戴翔,张二震,王原雪.特朗普贸易战的基本逻辑、本质及其应对［J］.南京社会科 学,2018,(4):11-17＋29.

［8］方勇,张二震.出口产品反倾销预警的经济学研究［J］.经济研究,2004,39(1):74- 82.

［9］冯宗宪,向洪金.欧美对华反倾销措施的贸易效应:理论与经验研究［J］.世界经 济,2010,33(3):31-55.

［10］龚联梅,钱学锋.贸易政策不确定性理论与经验研究进展［J］.经济学动态,2018, (6):106-116.

［11］公强,伍楠林.反倾销税实施对进口国的福利影响［J］.商场现代化,2008,(6):16- 18.

［12］宫毓雯,华晓红.国际经济新形势下我国应对贸易争端的对策研究——基于典型 案例启示［J］.国际贸易,2017,(11):61-66.

［13］顾承宗,钟根元.完全信息博弈下三国反倾销税率优化定价模型［J］.上海管理科 学,2009,31(4):52-54.

[14] 郭美新,陆琳,盛柳刚,余淼杰.反制中美贸易摩擦和扩大开放[J].学术月刊, 2018,50(6):32-42.

[15] 郭双焦,米家龙.WTO 反倾销制度与竞争政策的关联与冲突[J].国际经贸探索, 2008,24(1):49-54.

[16] 郝亮.厂商决策顺序与最优反倾销税[J].商业研究,2016,(9):17-24.

[17] 何静,陈绍军.浅谈行业协会在反倾销中的作用[J].江苏商论,2003,(1):25-27.

[18] 贺小勇.中国产业政策与 WTO 规则协调研究[M].北京:北京大学出版社, 2014:15-36.

[19] 江东坡,朱满德.双寡头竞争下的反倾销与补贴政策比较[J].华东经济管理, 2015,(5):97-102.

[20] 金晓晨.后危机背景下 WTO《反倾销协议》修订的法理分析[J].法学杂志,2011, 32(4):3-9.

[21] 蓝庆新,赵乐祥.应采取灵活措施避免中美贸易战的全面爆发[J].国际贸易, 2018,(5):19-20+27.

[22] 李钢.强化贸易政策和产业政策协调若干问题研究[J].国际贸易,2013,(3):4-9.

[23] 李梅.中美贸易摩擦背后的逻辑与出路——袁志刚教授访谈录[J].探索与争鸣, 2018,(6):21-27+141.

[24] 李强.中国进口贸易政策的演进:特征与启示[J].经济体制改革,2020,(4):42-49.

[25] 李鑫茹,陈锡康,段玉婉,祝坤福.国民收入视角下的中美贸易平衡分析[J].世界 经济,2018,41(6):3-27.

[26] 梁志鹏.印度对华反倾销贸易效应研究[J].上海经济研究,2015,(6):115-122.

[27] 林汉川,杨仕辉.回应反倾销博弈模型与案例分析[J].中国工业经济,2004,(4): 13-20.

[28] 刘嗜.竞争政策与贸易政策关系浅析[J].中国特色社会主义研究,2010,(2): 50-54.

[29] 刘勇.论世贸组织《反倾销协定》若干特点[J].国际贸易问题,2008,(2): 113-118.

[30] 刘重力,曹杰.欧盟对华反倾销的贸易转移效应:基于产品角度的经验分析[J]. 国际贸易问题,2011,(7):91-101.

[31] 马弘.中美贸易冲突:现状、症结与前景[J].江海学刊,2018,(3):94-101+238.

[32] 毛其淋.贸易政策不确定性是否影响了中国企业进口?[J].经济研究,2020,55 (2):148-164.

[33] 毛其淋,许家云.贸易政策不确定性与企业储蓄行为——基于中国加入 WTO 的准自然实验[J].管理世界,2018,34(5):10-27.

[34] 聂资鲁,蔡岱松.论 WTO 反倾销司法审查条款及其借鉴[J].财经理论与实践,2012,33(2):121-124.

[35] 彭立志,王领.不完全信息、反倾销威胁与最优出口贸易政策[J].经济研究,2006,41(6):70-78.

[36] 沈国兵.显性比较优势与美国对中国产品反倾销的贸易效应[J].世界经济,2012,35(12):62-82.

[37] 沈瑶,王继柯.中国反倾销实施中的贸易转向研究:以丙烯酸酯为例[J].国际贸易问题,2004,(3):9-12.

[38] 沈瑶,王继柯,单晓菁.中间品反倾销税的适度征收问题研究[J].南开经济研究,2003,(4):15-19.

[39] 沈瑶,颜珲.铜版纸进口反倾销到出口被"双反"引发的思考——论中国贸易政策和产业政策的协调问题[C]//中国贸易救济与产业安全论丛(2012)——第七届中国贸易救济与产业安全研究奖获奖论文集,2012:415-425.

[40] 沈瑶,朱益,王继柯.中国反倾销实施中的产业关联研究:以聚氯乙烯案为例[J].国际贸易问题,2005,(3):83-87.

[41] 盛斌,魏方.新中国对外贸易发展 70 年:回顾与展望[J].财贸经济,2019,40(10):34-49.

[42] 宋泓.特朗普上台后美国贸易及相关政策的变化和影响[J].国际经济评论,2017,(1):102-117.

[43] 宋学义.贸易政策与产业政策的协调[J].国际经济合作,2013,(4):14-18.

[44] 苏振东,刘璐瑶,洪玉娟.对外反倾销措施提升中国企业绩效了吗[J].财贸经济,2012,(3):68-75.

[45] 田国强.现代经济学的本(下)[J].学术月刊,2016,48(8):5-15.

[46] 田国强.《高级微观经济学》[M].北京:中国人民大学出版社,2016:3-15.

[47] 田玉红.美日贸易政策与产业政策协调体制的比较与启示[J].财经问题研究,2008,(5):98-102.

[48] 童锋,赵永亮,刘鹏.行业协会治理模式与反倾销应诉服务:广东和浙江的经验研究[J].南方经济,2014,(2):57-73.

[49] 佟家栋,刘程.与对外贸易政策相连接的产业政策——试论产业政策与政府干预[J].南开学报(哲学社会科学版),2017,(6):82-87.

123

[50] 王分棉,周煊.对外反倾销一定能保护国内产业吗?——基于有机硅产业的研究[J].世界经济研究,2012(11):50-55.

[51] 王海燕,滕建州,颜蒙.强化我国对外贸易政策与产业政策协调的研究[J].经济纵横,2014,(7):68-71.

[52] 王珂珂,钟根元.基于上下游垄断市场结构反倾销税率的博弈分析[J].国际经贸探索,2009,25(2):14-17.

[53] 王婷婷,钟根元.基于上下游的完全信息动态博弈反倾销模型[J].贵州工业大学学报(自然科学版),2008,37(5):146-149.

[54] 王晓磊,沈瑶.中国对外实施反倾销措施的直接经济效应研究——以基础化工产品案件为例[J].财贸研究,2014,25(2):65-74.

[55] 汪亚楠,王海成,苏慧.贸易政策不确定性与中国产品出口的数量、质量效应——基于自由贸易协定的政策背景[J].审计与经济研究,2020,35(1):111-119.

[56] 魏淑遐,陈宜荣.外贸新常态下的关税结构研究[J].国际贸易,2017,(5):16-19.

[57] 席小炎.论我国行业协会在反倾销应诉中的作用——温州烟具协会应对欧洲打火机反倾销案例分析[J].江西社会科学,2005,(4):253-255.

[58] 向洪金,赖明勇.我国反倾销措施的产业救济效果和福利效应研究——基于COMPAS模型的理论与实证分析[J].产业经济研究,2010,(4):23-31.

[59] 向洪金,詹政,赖明勇.反倾销措施产业救济效果:基于寡占竞争模型的理论研究[J].南开经济研究,2011,(3):143-153.

[60] 谢申祥,石慧敏,张铭心.谈判势力与战略性贸易政策[J].世界经济,2016,39(7):3-23.

[61] 谢申祥,王孝松.反倾销政策与研发竞争[J].世界经济研究,2013,(1):22-28+87.

[62] 杨仕辉.反倾销博弈与逆向选择[J].世界经济,2000(1):35-42.

[63] 杨仕辉,邓莹莹,谢雨池.美国反倾销贸易效应的实证分析[J].财贸研究,2012,23(1):77-84.

[64] 杨仕辉,谢雨池,邓莹莹.反倾销是否成为替代关税的贸易政策——基于印度反倾销的证据[J].河北经贸大学学报,2011,32(5):74-79.

[65] 尹智超,彭红枫.新中国70年对外贸易发展及其对经济增长的贡献:历程、机理与未来展望[J].世界经济研究,2020,(9):19-37+135.

[66] 余淼杰,祝辉煌.贸易政策不确定性的度量、影响及其政策意义[J].长安大学学报(社会科学版),2019,21(1):1-8.

[67] 余智.贸易政策不确定性研究动态综述[J].国际贸易问题,2019,(5):162-174.

[68] 张亮.WTO《反倾销守则》第18.1条涵义初探[J].国际经贸探索,2003,19(4):20-24.

[69] 张玉卿.从新守则看国际反倾销的趋势——试析WTO反倾销守则与"东京回合"守则的差异[J].国际贸易,1994,(4):40-42.

[70] 张宇燕,牛贺.特朗普的成功及其限度:兼论中美经贸关系[J].国际经济评论,2017,(2):9-17.

[71] 赵硕刚.特朗普政府频繁发起对华贸易争端的动因、影响及对策建议[J].国际贸易,2018,(5):14-18.

[72] 赵伟.中国对外贸易40年:政策回顾与展望[J].世界经济研究,2019,(2):29-36+135.

[73] 赵维田.论WTO的反倾销规则[J].法学研究,1999,(2):106-120.

[74] 郑甘澍,周燕.WTO反倾销体制的无效性原因分析[J].国际贸易问题,2009,(12):97-105.

[75] 钟根元.优化反倾销税率研究:基于社会福利最大化[M].上海:上海交通大学出版社,2009:68-100.

[76] 钟根元,王方华.完全信息动态博弈下反倾销税率优化定价模型[J].国际贸易问题,2003,(1):1-4.

[77] 周定根,杨晶晶,赖明勇.贸易政策不确定性、关税约束承诺与出口稳定性[J].世界经济,2019,42(1):51-75.

[78] 周俊杰,张亮.论反倾销调查中对实质损害威胁的确定[J].理论月刊,2013,(12):115-117.

[79] 朱晶,胡俊.美国对华农产品反倾销贸易救济效果分析——基于第三国(地区)市场的视角[J].国际贸易问题,2011,(10):81-88.

[80] Acharya R C. Endogenous trade policy in general equilibrium: an interaction of redistribution rule, trade openness, and labor market condition[J]. Economics and Politics, 2018, 30(3): 423-443.

[81] Ahn J B, Khandelwal A K, Wei S J. The role of intermediaries in facilitating trade[J]. Journal of International Economics, 2011, 84(1): 73-85.

[82] Amiti M, Konings J. Trade liberalization, intermediate inputs, and productivity: evidence from Indonesia[J]. American Economic Review, 2007, 97(5): 1611-1638.

[83] Anderson S P, Schmitt N, Thisse J F. Who benefits from the anti-dumping legislation[J]. Journal of International Economics, 1995, 38(3): 321-337.

[84] Baldwin R E. Are economist's traditional trade policy views still valid[J]. Journal of Economic Literature, 1992, 30(1): 804-829.

[85] Bandyopadhyay S. Demand elasticities, asymmetry and strategic trade policy[J]. Journal of International Economics, 1997, 42(2): 167-177.

[86] Bernard A B, Jensen J B, Redding S J, Schott P K. Wholesalers and retailers in U.S. trade[J]. American Economic Review, 2010, 100(2): 419-423.

[87] Bernhofen D M. Price dumping in intermediate good markets[J]. Journal of International Economics, 1995, 39(1): 159-173.

[88] Bierwagen R M, Hailbronner K. Input, downstream, upstream, secondary, diversionary and components or subassembly damping[J]. Journal of World Trade Law, 1998, 22(3): 27-33.

[89] Blum B S, Horstmann I, Claro S. Facts and figures on intermediated trade[J]. American Economic Review, 2010, 100(2): 408-413.

[90] Bombardini M. Firm heterogeneity and lobby participation[J]. Journal of International Economics, 2008, 75(2): 329-348.

[91] Bown C P, Crowley M A. Trade deflection and trade depression[J]. Journal of International Economics, 2007, 72(1): 176-201.

[92] Brander J A. Strategic trade policy[M]// Garber P M, Svensson L E, Grossman G M, Rogoff K. Handbook of international economics: Vol 3. Amsterdam: Elsevier Science B. V. , 1995: 1243-2107.

[93] Brander J A, Krugman P R. A reciprocal dumping model of international trade [J]. Journal of International Economics, 1983, 15(3): 313-321.

[94] Brander J A, Spencer B J. Tariffs and the extraction of foreign monopoly rents under potential entry[J]. Canadian Journal of Economics, 1981, 16 (3): 289-299.

[95] Brander J A, Spencer B J. Tariff Protection and Imperfect Competition[M]// Kierzkowski H. Monopolistic competition and product differentiation and international trade. Oxford: Oxford University Press, 1984: 194-206.

[96] Brenton P. Anti-dumping policies in the EU and trade diversion[J]. European Journal of Political Economy, 2001, 17(3): 593-607.

[97] Bridgman B. The rise of vertical specialization trade[J]. Journal of International Economics, 2012, 86(1): 133-140.

[98] Bulow J I, Geanakoplos J D, Klemperer P D. Multimarket oligopoly: strategic substitutes and complements[J]. Journal of Political Economy, 1985, 93(3): 488-511.

[99] Celik L, Karabay B, Mclaren J. Trade policy making in a model of legislative bargaining[J]. Journal of International Economics, 2013, 91(2): 179-190.

[100] Chevassus-Lozza E, Gaigne C, Mener L. Does input trade liberalization boost downstream firms' exports? theory and firm-level evidence[J]. Journal of International Economics, 2013, 90(2): 391-402.

[101] Collie D R, Le V. Antidumping regulations: anti-competitive and anti-export [J]. Review of International Economics, 2010, 18(5): 796-806.

[102] Conconi P, Facchini G, Zanardi M. Policymakers' horizon and trade reforms: the protectionist effect of elections[J]. Journal of International Economics, 2014, 94(1): 102-118.

[103] Davies S W, Mcguinness A J. Dumping at less than marginal cost[J]. Journal of International Economics, 1982, 12(2): 169-182.

[104] Durling J P, Prusa T J. The trade effects associated with an antidumping epidemic: the hot-rolled steel market, 1996-2001[J]. European Journal of Political Economy, 2006, 22(3): 675-695.

[105] Ederington J, Mccalman P. Technology adoption, government policy and tariffication[J]. Journal of International Economics, 2013, 90(1): 337-347.

[106] Facchini G, Biesebroeck J V, Willmann G. Protection for scale with imperfect rent capturing[J]. Canadian Journal of Economics, 2006, 39(3): 845-873.

[107] Feenstra R C. Integration of trade and disintegration of production in the global economy[J]. Journal of Economic Perspectives, 1998, 12(4): 31-50.

[108] Feenstra R C. Advanced international trade: theory and evidence [M]. Princeton: Princeton University Press, 2004: 308-319.

[109] Finger J M. Anti-dumping: how it works and who gets hurt[M]. Ann Arbor: University of Michigan Press, 1993: 32-38.

[110] Gawande K, Bandyopadhyay U. Is protection for sale? evidence on the Grossman-Helpman theory of endogenous protection[J]. Review of Economics

and Statistics, 2000, 82(1): 139-152.

[111] goldberg P K, Khandelwal A K, Pavcnik N. Imported intermediate inputs and domestic product growth: evidence from India[J]. The Quarterly Journal of Economics, 2010, 125(4):1727-1767.

[112] Goldberg P K, Maggi G. Protection for sale: an empirical investigation[J]. American Economic Review, 1999, 89(5): 1135-1155.

[113] Gormsen C. Anti-dumping with heterogeneous firms [J]. International Economics, 2011, 12(5): 41-64.

[114] Grossman G. M, Helpman E. Protection for sale[J]. American Economic Review, 1994, 84(7): 833-850.

[115] Gruenspecht H K. Dumping and dynamic competition [J]. Journal of International Economics, 1988, 25(4): 225-248.

[116] Halpern L, Koren M, Szeidl A. Imported inputs and productivity [J]. American Economic Review, 2015, 105(12): 3660-3703.

[117] Handley K. Exporting under trade policy uncertainty: theory and evidence[J]. Journal of International Economics, 2014, 94(1): 50-66.

[118] Handley K, Limao N. Trade and investment under policy uncertainty: theory and firm evidence[J]. American Economic Journal-Economic Policy, 2015, 7 (4): 189-222.

[119] Hartigan J C, Kamma S, Perry P R. The injury determination category and the value of relief from dumping[J]. Review of Economics and Statistics, 1989, 71 (1): 183-186.

[120] Helpman E, Krugman P R. Trade policy and market structure[M]. Boston: MIT Press, 1989: 117-132.

[121] Horstmann I J, Markusen J R. Up the average cost curve: inefficient entry and the new protectionism[J]. Journal of International Economics, 1986, 20(3): 225-247.

[122] Hummels D, Ishii J, Yi K M. The nature and growth of vertical specialization in world trade[J]. Journal of International Economics, 2001, 54(1): 75-96.

[123] Imai S, Katayama H, Krishna K. A quantile-based test of protection for sale model[J]. Journal of International Economics, 2013, 91(1): 40-52.

[124] Jozef K H, Vandenbussche S. Import diversion under European antidumping

policy[J]. Journal of Industry Competition and Trade, 2001, 1(3): 283-299.

[125] Kasahara H, Rodrigue J. Does the use of imported intermediates increase productivity? plant-level evidence [J]. Journal of Development Economics, 2008, 87(1): 106-118.

[126] Ketterer T D. EU anti-dumping and tariff cuts: trade policy substitution[J]. The World Economy, 2016, 39(5): 576-596.

[127] Konings J, Vandenbussche H. Antidumping protection and markups of domestic firms[J]. Journal of International Economics, 2005, 65(1): 151-165.

[128] Konings J, Vandenbussche H. Heterogeneous responses of firms to trade protection[J]. Journal of International Economics, 2008, 76(2): 371-383.

[129] Krupp C M, Pollard P S. Market responses to antidumping laws: some evidence from the US chemical industry[J]. Canadian Journal of Economics, 1996, 29(1): 199-227.

[130] Krupp C M, Steath S P. Evidence on the upstream and downstream impacts of antidumping cases[J]. North American Journal of Economics and Finance, 2002, 13(2): 163-178.

[131] Lasagni A. Does country-targeted antidumping policy by the EU create trade diversion[J]. Journal of World Trade, 2000, 34(4): 137-159.

[132] Luong T A. The impact of input and output tariffs on firms' productivity: theory and evidence[J]. Review of International Economics, 2011, 19(5): 821-835.

[133] Martin S. Advanced industrial economics[M]. 2nd ed. New Jersey: Wiley-Blackwell Press, 2001: 19-22.

[134] Matschke X, Schöttner A. Antidumping as strategic trade policy under asymmetric information [J]. Southern Economic Journal, 2013, 80 (1): 81-105.

[135] Mitra D, Thomakos D, Ulubaşoglu M. Protection for sale in a developing country: democracy versus dictatorship [J]. Review of Economics and Statistics, 2002, 84(2): 497-508.

[136] Niels G. Trade diversion and destruction effects of antidumping policy: empirical evidence from Mexico [R]. Rotterdam: OXERA and Erasmus University. Unpublished paper, 2003.

[137] Niels G, Kate A T. Antidumping policy in developing countries: safety valve or obstacle to free trade[J]. European Journal of Political Economy, 2006, 22(4): 618-638.

[138] Olney W. A race to the bottom? employment protection and foreign direct investment[J]. Journal of International Economics, 2013, 91(2): 191-203.

[139] Prusa T J. Pricing behavior in the presence of antidumping law[J]. Journal of Economic Integration, 1994, 9(2): 260-289.

[140] Prusa T J. The trade effects of U. S. antidumping actions[R]. NBER Working Paper 5440, 1996.

[141] Prusa T J. On the spread and impact of anti-dumping[J]. Canadian Journal of Economics, 2001, 34(3): 591-611.

[142] Saggi K. Preferential trade agreements and multilateral tariff cooperation[J]. International Economic Review, 2006, 47(1): 29-57.

[143] Saggi K, Yildiz H M. Bilateral trade agreements and the feasibility of multilateral free trade[J]. Economic Analysis of the Rules and Regulations of the World Trade Organization, 2011, 19(2): 356-373.

[144] Saure P. Revisiting the infant industry argument[J]. Journal of Development Economics, 2007, 84(1): 104-117.

[145] Spencer J B, Jones R W. Vertical foreclosure and international trade policy[J]. Review of Economic Studies, 1989, 58(1): 153-170.

[146] staiger r w, wolak F A. Measuring industry specific protection: antidumping in the United States[R]. NBER Working Paper 4696, 1994.

[147] Steinwender C. The roles of import competition and export opportunities for technical change[R]. CEP Discussion Paper 1334, 2015.

[148] Stiglitz J E. Dumping on free trade: the US import trade laws[J]. Southern Economic Journal, 1997, 64(2): 402-424.

[149] Tharakan P K M. Policy implications of antidumping measures [M]. Amsterdam: North Holland, 1991: 75-80.

[150] Thies C G. The declining exceptionalism of agriculture: identifying the domestic politics and foreign policy of agricultural trade protectionism[J]. Review of International Political Economy, 2015, 22(2): 339-359.

[151] Viner J. Dumping: a problem in international trade[M]. Chicago: University of

Chicago Press, 1923: 50-54.

[152] Wares W A. The theory of dumping and American measures[M]. Lexington: D. C. Heath, 1977: 78-85.

[153] Willig R D. Economic effects of antidumping policy [R]. Washington: Brookings Trade Forum, 1998.

[154] Wu S J, Chang Y M, Chen, H Y. Antidumping duties and price undertakings: a welfare analysis[J]. International Review of Economics and Finance, 2014, 29(1): 97-107.

附录 A

第三章附录

1. 对(3-8)式是"最优关税为正"充要条件的证明

若 $-b^3 + 3b^2 - 4b + 1 = 0$，则令 $f(t) = 0$ 可得：

$$t = -\frac{(1-b)^2(1+b)c_1^2 - (2-b^3)c_1c_2 + (1+b-2b^2+b^3)c_2^2}{b[(2b^2-4b+3)c_1 + (2b^2-5b+5)c_2]}$$

由于 $b[(2b^2-4b+3)c_1 + (2b^2-5b+5)c_2] > 0$，则：

$$t > 0 \Leftrightarrow (1-b)^2(1+b)c_1^2 - (2-b^3)c_1c_2 + (1+b-2b^2+b^3)c_2^2 < 0$$

若 $-b^3 + 3b^2 - 4b + 1 \neq 0$，则令 $f(t) = 0$ 可得到关于 t 的二次方程，不失一般性地，将二次方程的两个根记作 t_1 和 t_2，且 $t_1 \leqslant t_2$，则

$$t_1 + t_2 = \frac{b[(2b^2-4b+3)c_1 + (2b^2-5b+5)c_2]}{-b^3 + 3b^2 - 4b + 1}$$

$$t_1 t_2 = -\frac{(1-b)^2(1+b)c_1^2 - (2-b^3)c_1c_2 + (1+b-2b^2+b^3)c_2^2}{-b^3 + 3b^2 - 4b + 1}$$

若 $-b^3 + 3b^2 - 4b + 1 < 0$，则 t_1 为极小值点，t_2 为极大值点，故此时我们关心 t_2。

因 $t_1 + t_2 < 0$，故必有 $t_1 < 0$，且 $t_2 > 0 \Leftrightarrow t_1 t_2 < 0$。

由此可推知：

$$t_2 > 0 \Leftrightarrow (1-b)^2(1+b)c_1^2 - (2-b^3)c_1c_2 + (1+b-2b^2+b^3)c_2^2 < 0$$

若 $-b^3 + 3b^2 - 4b + 1 > 0$，t_1 为极大值点，则 t_2 为极小值点，故此时我们关心 t_1。

因 $t_1 + t_2 > 0$，故必有 $t_2 > 0$，且 $t_1 > 0 \Leftrightarrow t_1 t_2 > 0$。

由此可推知：

$$t_1 > 0 \Leftrightarrow (1-b)^2(1+b)c_1^2 - (2-b^3)c_1c_2 + (1+b-2b^2+b^3)c_2^2 < 0$$

证毕。

2. 对(3-8)式的解及 $\tilde{c}_1 > 1-b$，$\tilde{c}_2 > 1/(1-b)$ 和 $\tilde{c}_1 < 1/(1-b)$ 的证明

令 $c_1/c_2 = \tilde{c}$，则可将(3-8)式写作：

$$g(\tilde{c}) = (1-b)^2(1+b)\tilde{c}^2 - (2-b^3)\tilde{c} + (1+b-2b^2+b^3) < 0$$

令 $g(\tilde{c}) = 0$ 可得到关于 $\tilde{c}$ 的二次方程，不妨将两个根记作 $\tilde{c}_1$ 和 $\tilde{c}_2$，且 $\tilde{c}_1 \leqslant \tilde{c}_2$，则：

$$\tilde{c}_1 + \tilde{c}_2 = \frac{2-b^3}{(1-b)^2(1+b)} > 0$$

$$\tilde{c}_1\tilde{c}_2 = \frac{1+b-2b^2+b^3}{(1-b)^2(1+b)} = \frac{(1-b^2)+(b-b^2)+b^3}{(1-b)^2(1+b)} > 0$$

这表明，如果二次方程有两个实根，则它们都是正的。又因：

$$(2-b^3)^2 - 4(1-b)^2(1+b)(1+b-2b^2+b^3)$$
$$= b^2(16-16b-8b^2+12b^3-3b^4)$$
$$= b^2[8(2-b^2)(1-b)+b^3(4-3b)]$$
$$> 0$$

这说明，二次方程确有两个实根。

由此可解得：

$$\tilde{c}_1 = \frac{(2-b^3) - \sqrt{b^2(16-16b-8b^2+12b^3-3b^4)}}{2(1-b)^2(1+b)} > 0$$

$$\tilde{c}_2 = \frac{(2-b^3) + \sqrt{b^2(16-16b-8b^2+12b^3-3b^4)}}{2(1-b)^2(1+b)} > 0$$

$\tilde{c}_1 > 1-b$ 的证明如下：

$$\tilde{c}_1 - (1-b)$$

$$= \frac{(2-b^3) - 2(1-b)^3(1+b) - \sqrt{b^2(16-16b-8b^2+12b^3-3b^4)}}{2(1-b)^2(1+b)}$$

$$[(2-b^3) - 2(1-b)^3(1+b)]^2 - b^2(16-16b-8b^2+12b^3-3b^4)$$

$$= b^3(16-32b+4b^2+28b^3-20b^4+4b^5)$$

$$= 4b^3(1-b)^2(1+b)(2-b)^2 > 0$$

故有 $\tilde{c}_1 > 1-b$。

证毕。

$\tilde{c}_2 > 1/(1-b)$ 的证明如下：

$$\frac{1}{1-b} - \tilde{c}_2$$

$$= \frac{2(1-b)(1+b) - (2-b^3) - \sqrt{b^2(16-16b-8b^2+12b^3-3b^4)}}{2(1-b)^2(1+b)}$$

$$[2(1-b)(1+b) - (2-b^3)]^2 - b^2(16-16b-8b^2+12b^3-3b^4)$$

$$= 4b^2(b^4-4b^3+3b^2+4b-4)$$

$$= 4b^2(b-1)(b+1)(b-2)^2 < 0$$

故有 $\tilde{c}_2 > 1/(1-b)$。

证毕。

$\tilde{c}_1 < 1/(1-b)$ 的证明如下：

$$\tilde{c}_1 - 1/(1-b) = \frac{b[b(2-b) - \sqrt{16-16b-8b^2+12b^3-3b^4}]}{2(1-b)^2(1+b)}$$

$$b^2(2-b)^2 - (16-16b-8b^2+12b^3-3b^4)$$

$$= 4(2-b)^2(b+1)(b-1) < 0$$

故有 $\tilde{c}_1 < 1/(1-b)$。

证毕。

3. 对 $W(\bar{t}) = W^1$ 的证明

当国内厂商垄断本国市场时，有：

$$\max_{q^1} \pi^1 = \max_{q^1} (q^1)^{1-b} - c_1 q^1$$

由一阶条件得：

$$\partial \pi^1 / \partial q^1 = (1-b)(q^1)^{-b} - c_1 = 0 \Rightarrow q^1 = \left(\frac{1-b}{c_1}\right)^{1/b}$$

$\partial^2 \pi^1 / \partial (q^1)^2 = -b(1-b)(q^1)^{-b-1} < 0$，满足二阶条件。

$$\pi^1 = (q^1)^{1-b} - c_1 q^1 = b\left(\frac{1-b}{c_1}\right)^{(1-b)/b}$$

$$CS^1 = \int_0^{q^1} x^{-b} \mathrm{d}x - p^1 q^1 = \frac{b}{1-b}\left(\frac{1-b}{c_1}\right)^{(1-b)/b}$$

$$W^1 = CS^1 + \pi^1 = \frac{b(2-b)}{1-b}\left(\frac{1-b}{c_1}\right)^{(1-b)/b}$$

$$CS(\bar{t}) = \int_0^{q} x^{-b} \mathrm{d}x - pq = \frac{b}{1-b}\left(\frac{2-b}{c_1+c_2+\bar{t}}\right)^{1/b-1}$$

$$= \frac{b}{1-b}\left(\frac{1-b}{c_1}\right)^{1/b-1} = CS^1$$

$$\pi_1(\bar{t}) = \frac{(2-b)^{1/b-1}[c_2 - (1-b)c_1 + \bar{t}]^2}{b(c_1+c_2+\bar{t})^{1+1/b}} = b\left(\frac{1-b}{c_1}\right)^{(1-b)/b} = \pi^1$$

$$\bar{t} q_2 = 0$$

故有 $W(\bar{t}) = W^1$。

证毕。

4. 对 $W(\tilde{t}) = W^2(\tilde{t})$ 的证明

$$W(\tilde{t}) = \frac{b}{1-b}\left(\frac{1}{c_1}\right)^{(1-b)/b} + [(1-b)c_1 - c_2]\left(\frac{1}{c_1}\right)^{1/b}$$

$$= \frac{b}{1-b}\left(\frac{1-b}{c_2+\tilde{t}}\right)^{(1-b)/b} + \tilde{t}\left(\frac{1-b}{c_2+\tilde{t}}\right)^{1/b}$$

$$= W^2(\tilde{t})$$

证毕。

135

附录 B

第四章附录

1. 对 t_m^*，t_c^*＞0 的证明

需要根据(4-9)式和(4-10)式证明 $t_m^*＞0$，并根据(4-13) 式和 (4-14) 式证明 $t_c^*＞0$。

令 $\alpha=a$，$\beta=e(c_d+c_{du})$，$\gamma=e(c_f+c_{fu})$，观察(4-9) 式和(4-10) 式以及(4-13) 式和(4-14) 式的表达式，则已知条件可更为一般化地写为 $\alpha＞l\beta-k\gamma$ 且 $\alpha＞m\gamma-n\beta$，其中 l，k，m，$n＞0$，$l-k=1$，$m-n=1$；观察 t_m^* 和 t_c^* 的表达式，则 t^* 可更为一般化地写为 $t^*=(i+j)\alpha-i\beta-j\gamma$，其中 i，$j＞0$。为证明 $t^*＞0$，即等价于证明 $i\beta+j\gamma＜(i+j)\alpha$。

令 $i\beta+j\gamma=\lambda_1(l\beta-k\gamma)+\lambda_2(m\gamma-n\beta)$，通过待定系数法借助联立方程组可得，$\lambda_1=\dfrac{mi+nj}{km-nl}$，$\lambda_2=\dfrac{li+kj}{km-nl}$。由于 $l-k=1$，$m-n=1$，则可写作 $\lambda_1=\dfrac{mi+nj}{n+l+1}$，$\lambda_2=\dfrac{li+kj}{n+l+1}$。由于 i，j，l，k，m，$n＞0$，可知 λ_1，$\lambda_2＞0$，则有：

$$i\beta+j\gamma=\lambda_1(l\beta-k\gamma)+\lambda_2(m\gamma-n\beta)＜(\lambda_1+\lambda_2)\alpha$$

$$=\left(\frac{mi+nj}{n+l+1}+\frac{li+kj}{n+l+1}\right)\alpha=(i+j)\alpha$$

由此可证得 $t^*＞0$，则显然有 t_m^*，$t_c^*＞0$。

2. 对 t_m^*、t_c^* 大小关系的判断

$t_c^*-t_m^*$ 的表达式同样可以写成 $(i+j)\alpha-i\beta-j\gamma$ 的形式，所不同

的是，i，$j > 0$ 不再成立。前面对 $t^* > 0$ 的证明依赖 λ_1，$\lambda_2 > 0$ 的成立，但对于任意的 i、j 无法保证 λ_1，$\lambda_2 > 0$ 恒成立，因此，我们无法简单判断 $t_c^* - t_m^*$ 的符号。但当 α 充分大，也即对任意 i、j，总有 $(i+j)\alpha > i\beta - j\gamma$ 成立（其中，$i + j > 0$）时，则容易判断 $t_c^* - t_m^* > 0$。由于 $\alpha = a$，即我们认为对于充分大的市场容量，恒有 $t_c^* - t_m^* > 0$ 成立。

附录 C

第六章附录

表 C1　中国对外反倾销案件汇总表

序号	进口产品	立案时间	申请及支持企业数	产量占比	产业结构类型
1	新闻纸	1997.12.10	9	＞50％	寡占Ⅴ型（低）
2	冷轧硅钢片	1999.03.12	1	100％	垄断型
3	聚酯薄膜	1999.04.16	6	＞50％	寡占Ⅳ型（中）
4	不锈钢冷轧薄板	1999.06.17	3	＞50％	寡占Ⅲ型（中上）
5	丙烯酸酯	1999.12.10	3	＞50％	寡占Ⅲ型（中上）
6	二氯甲烷	2000.12.20	2	＞90％	寡占Ⅰ型（极高）
7	聚苯乙烯	2001.02.09	4	＞50％	寡占Ⅲ型（中上）
8	L-赖氨酸盐酸盐	2001.06.19	3	＞50％	寡占Ⅲ型（中上）
9	聚酯切片	2001.08.03	1	＞67％	寡占Ⅱ型（高）
10	涤纶短纤	2001.08.03	1	＞50％	寡占Ⅲ型（中上）
11	丙烯酸酯	2001.10.10	3	100％	寡占Ⅰ型（极高）
12	己内酰胺	2001.12.07	3	＞50％	寡占Ⅲ型（中上）
13	铜版纸	2002.02.06	4	57.5％	寡占Ⅲ型（中上）
14	邻苯二酚	2002.03.01	1	100％	垄断型
15	邻苯二甲酸酐	2002.03.06	5	＞50％	寡占Ⅳ型（中）
16	丁苯橡胶	2002.03.19	4	＞50％	寡占Ⅲ型（中上）
17	冷轧板卷	2002.03.23	3	＞50％	寡占Ⅲ型（中上）
18	聚氯乙烯	2002.03.29	9	66.9％	寡占Ⅴ型（低）
19	甲苯二异氰酸酯（TDI）	2002.05.22	1	＞50％	寡占Ⅲ型（中上）
20	苯酚	2002.08.01	4	85.4％	寡占Ⅰ型（极高）

序号	进口产品	立案时间	申请及支持企业数	产量占比	产业结构类型
21	二苯基甲烷二异氰酸酯、多亚甲基多苯基异氰酸酯(MDI)	2002.09.20	1	100%	垄断型
22	乙醇胺	2003.05.14	2	83.7%	寡占Ⅰ型(极高)
23	三氯甲烷	2003.05.30	2	93.3%	寡占Ⅰ型(极高)
24	非色散位移单模光纤	2003.07.01	2	69.1%	寡占Ⅱ型(高)
25	锦纶6、66长丝	2003.10.31	14	51.6%	竞争型
26	氯丁橡胶	2003.11.10	2	100%	寡占Ⅰ型(极高)
27	水合肼	2003.12.17	2	100%	寡占Ⅰ型(极高)
28	未漂白牛皮箱纸	2004.03.31	2	50.5%	寡占Ⅲ型(中上)
29	三氯乙烯	2004.04.16	2	67.4%	寡占Ⅱ型(高)
30	双酚A	2004.05.12	2	100%	寡占Ⅰ型(极高)
31	初级形态二甲基环体硅氧烷	2004.07.16	3	95.7%	寡占Ⅰ型(极高)
32	三元乙丙橡胶	2004.08.10	1	100%	垄断型
33	呋喃酚	2004.08.12	2	100%	寡占Ⅰ型(极高)
34	核苷酸类食品添加剂	2004.11.12	1	100%	垄断型
35	环氧氯丙烷	2004.12.28	2	71%	寡占Ⅱ型(高)
36	氨纶案	2005.04.13	2	>50%	寡占Ⅲ型(中上)
37	邻苯二酚	2005.05.31	1	100%	垄断型
38	PBT树脂	2005.06.06	1	>50%	寡占Ⅲ型(中上)
39	耐磨纸	2005.06.13	1	>50%	寡占Ⅲ型(中上)
40	辛醇	2005.09.15	4	80.5%	寡占Ⅰ型(极高)
41	丁醇	2005.10.14	4	>50%	寡占Ⅲ型(中上)
42	壬基酚	2005.12.29	1	71.5%	寡占Ⅱ型(高)
43	马铃薯淀粉	2006.02.06	7	>50%	寡占Ⅳ型(中)
44	电解电容器纸	2006.04.18	1	>50%	寡占Ⅲ型(中上)
45	磺胺甲恶唑	2006.06.16	1	>50%	寡占Ⅲ型(中上)

（续表）

序号	进口产品	立案时间	申请及支持企业数	产量占比	产业结构类型
46	双酚A	2006.08.30	1	>50%	寡占Ⅲ型(中上)
47	甲乙酮	2006.11.22	4	>50%	寡占Ⅲ型(中上)
48	丙酮	2007.03.09	3	>50%	寡占Ⅲ型(中上)
49	初级形态二甲基环体硅氧烷	2008.05.28	2	72.2%	寡占Ⅱ型(高)
50	气相色谱—质谱联用仪	2008.06.05	1	100%	垄断型
51	1,4-丁二醇	2008.09.25	1	>50%	寡占Ⅲ型(中上)
52	己二酸	2008.11.10	1	>50%	寡占Ⅲ型(中上)
53	聚酰胺—6,6切片	2008.11.14	1	>50%	寡占Ⅲ型(中上)
54	碳钢紧固件	2008.12.29	6	>50%	寡占Ⅳ型(中)
55	对苯二甲酸	2009.02.12	3	>50%	寡占Ⅲ型(中上)
56	核苷酸类食品添加剂	2009.03.24	1	>50%	寡占Ⅲ型(中上)
57	锦纶6切片	2009.04.29	15	>50%	竞争型
58	取向电工钢	2009.06.01	2	100%	寡占Ⅰ型(极高)
59	甲醇	2009.06.24	33	>50%	竞争型
60	白羽肉鸡产品	2009.09.27	1(协会)	62.5%	竞争型
61	X射线安全检查设备	2009.10.23	1	>50%	寡占Ⅲ型(中上)
62	排气量在2.0升及2.0升以上的小轿车和越野车	2009.11.06	1(协会)	>50%	竞争型
63	非色散位移单模光纤	2010.04.22	6	>50%	寡占Ⅳ型(中)
64	己内酰胺	2010.04.22	2	>50%	寡占Ⅲ型(中上)
65	相纸产品	2010.12.23	1	100%	垄断型
66	干玉米酒槽	2010.12.28	7	>50%	寡占Ⅳ型(中)
67	环氧氯丙烷	2011.06.28	4	>50%	寡占Ⅲ型(中上)
68	氨纶	2011.08.08	13	>50%	竞争型
69	涂布白卡纸	2011.11.18	5	>50%	寡占Ⅳ型(中)
70	乙二醇和二甘醇的单丁醚	2011.11.18	1	>50%	寡占Ⅲ型(中上)

序号	进口产品	立案时间	申请及支持企业数	产量占比	产业结构类型
71	甲苯二异氰酸酯	2012.03.23	5	＞50％	寡占Ⅳ型(中)
72	间苯二酚	2012.03.23	1	＞50％	寡占Ⅲ型(中上)
73	甲苯胺	2012.06.29	1	＞50％	寡占Ⅲ型(中上)
74	太阳能级多晶硅	2012.07.20	4	＞50％	寡占Ⅲ型(中上)
75	吡啶	2012.09.21	4	＞50％	寡占Ⅲ型(中上)
76	太阳能级多晶硅	2012.11.1	4	＞50％	寡占Ⅲ型(中上)
77	浆粕	2013.02.6	7	＞50％	寡占Ⅳ型(中)
78	高温承压用合金钢无缝钢管	2013.05.10	1	＞50％	寡占Ⅲ型(中上)
79	四氯乙烯	2013.05.31	2	＞50％	寡占Ⅲ型(中上)
80	葡萄酒	2013.07.1	1(协会)	＞50％	竞争性
81	单模光纤	2013.08.14	7	＞50％	寡占Ⅳ型(中)
82	特丁基对苯二酚	2013.08.22	1	＞50％	寡占Ⅲ型(中上)
83	光纤预制棒	2014.03.19	3	＞50％	寡占Ⅲ型(中上)
84	血液透析机	2014.06.13	1	＞50％	寡占Ⅲ型(中上)
85	甲基丙烯酸甲醛	2014.08.8	2	＞50％	寡占Ⅲ型(中上)
86	未漂白纸袋纸	2015.04.10	1	＞50％	寡占Ⅲ型(中上)
87	腈纶	2015.07.14	4	＞50％	寡占Ⅲ型(中上)
88	取向电工钢	2015.07.23	2	＞50％	寡占Ⅲ型(中上)
89	铁基非晶合金	2015.11.18	1	＞50％	寡占Ⅲ型(中上)
90	进口干玉米酒槽	2016.1.12	1(协会)	＞50％	竞争型
91	偏二氯乙烯-氯乙烯共聚树脂	2016.04.20	1	＞50％	寡占Ⅲ型(中上)
92	食糖	2016.09.22	1(协会)	＞50％	竞争型
93	共聚聚甲醛	2016.10.24	3	＞50％	寡占Ⅲ型(中上)
94	邻氯对硝基苯胺	2017.02.13	1	＞50％	寡占Ⅲ型(中上)
95	双酚A	2017.03.06	5	＞50％	寡占Ⅳ型(中)

（续表）

序号	进口产品	立案时间	申请及支持企业数	产量占比	产业结构类型
96	进口甲基异丁基(甲)酮	2017.03.27	2	>50%	寡占Ⅲ型(中上)
97	间苯氧基苯甲醛	2017.06.08	1	>50%	寡占Ⅲ型(中上)
98	苯乙烯	2017.06.23	6	>50%	寡占Ⅳ型(中)
99	白羽肉鸡	2017.08.18	1(协会)	>50%	竞争型
100	卤化丁基橡胶	2017.08.30	2	>50%	寡占Ⅲ型(中上)
101	氢碘酸	2017.10.16	1	>50%	寡占Ⅲ型(中上)
102	乙醇胺	2017.10.30	6	>50%	寡占Ⅳ型(中)
103	丁腈橡胶	2017.11.09	2	>50%	寡占Ⅲ型(中上)
104	正丁醇	2017.12.29	3	>50%	寡占Ⅲ型(中上)
105	邻二氯苯	2018.01.23	1	>50%	寡占Ⅲ型(中上)
106	苯酚	2018.03.26	7	>50%	寡占Ⅳ型(中)
107	不锈钢钢坯和不锈钢热轧板/卷	2018.07.23	1	>50%	寡占Ⅲ型(中上)
108	立式加工中心	2018.10.16	3	>50%	寡占Ⅲ型(中上)
109	大麦	2018.11.19	1(协会)	>50%	竞争型
110	7-苯乙酰氨基-3-氯甲基-4-头孢烷酸对甲氧基苄酯	2018.11.26	1	>50%	寡占Ⅲ型(中上)
111	甲硫氨酸	2019.04.10	1	>50%	寡占Ⅲ型(中上)
112	聚苯硫醚	2019.05.30	1	>50%	寡占Ⅲ型(中上)
113	三元乙丙橡胶	2019.06.19	2	>50%	寡占Ⅲ型(中上)
114	正丙醇	2019.07.23	3	>50%	寡占Ⅲ型(中上)
115	间甲酚	2019.07.29	1	>50%	寡占Ⅲ型(中上)
116	聚苯醚	2020.08.03	1	>50%	寡占Ⅲ型(中上)
117	葡萄酒	2020.08.18	1(协会)	>50%	竞争型
118	乙二醇和丙二醇的单烷基醚	2020.08.31	3	>50%	寡占Ⅲ型(中上)
119	聚氯乙烯	2020.09.25	5	>50%	寡占Ⅳ型(中)